笑福亭松朝の上方演芸百年噺《ばなし》

聞き手 桂 文我

四代目 桂 文我 著

燃焼社

目次

装幀・装画―畔　芳久

はじめに

平成三十年三月末頃、私の携帯電話の留守電に、「最近、大病を患いまして。今後のことや、聞いてもらいたい話もあるよって、一遍、ウチへ来てもらえませんか」という、阪本俊夫氏の声が入っていた。

桂米朝師から「阪本さんは印刷の仕事をしてはるけど、戦前、ウチの師匠(※四代目桂米團治)に稽古を付けてもろて、戦後、五代目(※五代目笑福亭松鶴)の師匠へ弟子入りして、笑福亭松朝という名前をもろた」と聞いており、我々の落語会にも顔を出して下さったり、サンケイホールの米朝独演会の打ち上げなどで、昔の思い出話を伺うこともあったので、「一体、何事?」と思ったのが、正直な所である。

「百歳近い方だけに、自分の寿命を考えて、心細いことを仰っておられるのでは?」とも思い、何はともあれ、四月十七日、住之江のご自宅を訪れたところ、身体は弱っておられ、声も小さかったが、いろんな話をする内、顔に精気が漲り、生き生きとしてこられたのを目の当たりにして、正直、驚いた。

「とても、今年の夏は越せませんわ。良かったら、何遍も話をしに来とおくなはれ」と、弱音を吐かれていたが、次々と繰り出される思い出話から、戦前・戦中・戦後の上方演芸界の様子が鮮やかに蘇り、一連の見事な上方演芸史になっていった。

興味津々で、回を重ねて訪れている内、夏が過ぎ、秋になり……。

四代目桂米團治に習った落語を演じ、浪曲を唸り、軍隊の話、友人の思い出を語る阪本氏に、百歳近い老人の姿を見ることは無かった。

戦前の上方演芸界を語る時、何度も「あんたも見てなはるやろけど、面白かったな」と仰ったが、昭和三十五年生まれの私が実際に見ている方は少なく、本・録音・映像でしか知らないだけに、相槌を打てないことも多かったが、阪本氏の物真似から推し量り、リアルタイムで接しているような錯覚を覚えたのも、不思議な体験だったと言えよう。

往年の思い出を語る阪本氏の脳裏には、当時の上方演芸界の逸材の姿が躍動していたに違いないだけに、それを思う時、私は本当に羨ましかった。

阪本氏へのインタビューは、四月十七日から始まり、五月十六日、六月十三日、六月二十七日、七月九日、七月二十七日、八月八日、八月二十一日、九月十一日、十月三日、十月二十八日、十一月十六日、十二月三日と、亡くなる間際まで十三回に及び、、当時の上方演芸界の思い出と、兵隊時代の苦心談を中心に、一冊の本に纏まることを、阪本氏も待ち望んでおられたのである。

思い間違いや、多少のズレはあるかも知れないが、百歳近い阪本氏が、人生を吐き出すように語ったことは、後年の者が述べる理屈より、余程、値打ちがあると思う。

湧き出るように、そして、慈しむように、来し方を語る阪本氏が、唯一、戦争によって、噺家の道を断たれたことを語る時、本当に無念の表情だったことは忘れられない。

阪本氏の語りの中から、その無念さ、噺家の世界への思慕を感じ取っていただければ、幸いである。

残念ながら、本書の刊行を待たずして、平成三十年十二月九日早朝、阪本氏は極楽浄土へ行かれた。

十二月七日、長女・富司子さんから「父が危なそうなので、来ていただけませんか」という連絡をいただき、翌日、阪本氏が入居しておられた住吉区の南海ライフリレーションへ行くと、ベッドへ横になり、しゃべりにくそうではあったが、私の言うことは理解されているようで、僅かな言葉も返して下さり、「まだ、大丈夫」と思ったが、翌朝、「今、亡くなりました」と連絡をいただいた次第である。

ご遺族の希望で、通夜は桂米朝師の『菊江仏壇』が、葬儀は六代目笑福亭松鶴師の『天王寺詣り』が流れる中で行われたが、葬儀場の方の気配りで、笑福亭松朝のメクリが用意されたことを、阪本氏が見ておられたら、どのような感想を述べられるであろうか。

本書に於いて、私が実際に会った師匠連だけ「誰々師匠」と表記したことや、阪本氏が戦後の短期間、戎橋松竹や地域寄席へ、笑福亭松朝の芸名で出演していたことは事実だけに、阪本俊夫ではなく、笑福亭松朝が述べているとして纏めたことを、ご理解いただければ、幸いである。

そして、私の質問に対し、阪本氏が「知らん」と仰ったことは、そのまま掲載した。知ったかぶりで答えず、知らないことを「知らん」と仰るのは、知っていることは、余程、自信を持って述べておられたのだと思う。

また、私とは長い付き合いではあるが、この書の刊行を勧め、今回も難儀な添削に何度も付き合って下さった燃焼社・藤波優社長へ、心から御礼を申し上げたい。

嘘でも、お世辞でも無く、気骨があり、粋な出版社が大阪にあることを、誇りに思う。

そして、何より、本書を手に取り、目を通していただく方へ、厚く御礼申し上げる次第である。

四代目　桂　文我

平成三十一年春

笑福亭松朝

文我「平成七年三月十三日、ミナミの料亭・三玄で行われた『阪本さんの話を聞く会』は、どんなキッカケで催されましたか？」

松朝(阪本)「米朝さんに、『昔の知ってることを聞かせてくれ』と言われて」

文我「米朝師匠が、『もう一遍、聞きたい』と仰ってました」

松朝「しょっちゅう、米朝さんに新町のお茶屋へ連れて行ってもろて。奥さんも来はって、座談が済んで、余興をすることになったけど、奥さんが『夕暮れ』を踊る時、唄える地方《じかた》が居らなんだ」

文我「『夕暮れ』というと、漫才の松葉家奴《やっこ》」

松朝「あァ、演ってた。立ち小便して、足袋を棒で干して、帰って行く芸。わしが『夕暮れに眺め見渡す　隅田川』と唄うたら、奥さんが踊りはった。『もう一遍、何か演っとおくなはれ』と言われて、流行歌が入ってる『大津絵』の『流行歌崩し』を唄うて。『私しゃ、河原の枯れ芒《すすき》。ハブの港は、夕焼け小焼け。砂漠に日が落ちて、夜となる頃。逢いに来たのに、何故出てこない。月は無情と言うけれど、曇りゃ三朝《みささ》が雨となる。川面《かわも》に集まる恋の日に、紅屋の娘の言うことにゃ、君恋し。昔、恋しい銀座の柳で、てなもんやないかないか、道頓堀で愛して頂戴ね』。これは、漫才で演ってたのを覚えてた。男女の睦事《むつごと》を『大津絵』にした唄もあって、『一夜明くれば、色の世の中に、白い柔らかい肌と肌。重なり合うてるお鏡と、上に乗って、腰を屈める伊勢海老と』。一生懸命に覚えて、素人の会で落語を演った後、唄うて」

文我「素人の会で演った落語も、四代目桂米團治や、五代目笑福亭松鶴に教えてもろたネタですね」

松朝「素人の会では、桂○○《まるまる》という芸名で演らしてもろた。『正式な名前で演りなはれ』と言うてくれたけど、『余興やさかい、桂○○で堪忍しとおくなはれ』と言うて」

文我「五代目松鶴から、笑福亭松朝という芸名をもらいましたけど、読み方は〔しょうちょう〕ですか?〔しょちょう〕ですか?」

四代目桂米團治

松朝「ほんまは、〔しょちょう〕」

文我「やっぱり、松鶴が〔しょかく〕やから?」

松朝「ところが、松枝は〔しょうし〕と、長うなる。『好きな方を取りなさい』と言われて、松枝と松朝を出された」

文我「阪本さんが、松枝になったかも?」

松朝「わしが松朝を取って、永田という男が松枝をもろた」

文我「松枝さんは、どうなりましたか?」
松朝「東京へ行くまで音信があったけど、後は途絶えて、行方不明。一遍、会いたい」
文我「戦地で、落語の稽古をしてたそうですけど、復員後、噺家になるつもりでしたか?」
松朝「あァ、そのつもりやった。兵隊から帰って、玉造の日の出通りを歩いてたら、知らん人に肩を叩かれて、『阪本さんと違いますか? お宅に、戦地で落語を聞かせてもろた』。戦地で慰問隊を拵えて、落語を演ってたのを覚えてくれてた」
文我「戦地は、どこへ行きましたか?」
松朝「朝鮮へ行って、南方のフィリピンから、アンボン、マニラ。慰問袋は、フィリピン止まり。フィリピンまで慰問が来たけど、爆弾や魚雷でやられて。飛行機で『日本、負けました』というビラを撒いても、『デマに、騙されたらあかん』。通信が入ってきて、『どうやら、日本は負けたらしい』『一体、どうなる?』。アメリカ・イギリス・オランダが組んで、コンソレB24が、何台も飛んで行った。『飛行機が、仰山、どこへ行きよる?』と言うてたら、日本を爆撃してたみたいや。我々の島は、問題にしてない」
文我「本土を叩いたら、細かい島は要らん訳で」
松朝「日本が負けたという発表があっても、『日本軍は負けたけど、南方軍は負けてない』と言うて、隊長が『南方軍は、戦うだけの備えがある』。将校会議で話をして、『投降しょう』『いや、負けてないさかい、強気で行こか』。『大砲の周りを廻って、自爆しょう』と言う将校も居ったけど、『そんなことをしたら、天皇陛下に背中を向けることになるさかい、投降する方が良え』。誰も死にとうないさかい、強硬派の自爆は納まって、投降することになって、助かった。アメリカ軍の将校が来て、鉄砲、銃剣、肩章まで没収されて、『番号！』『1、2』『声が小さい！』。バァーンと、足を蹴られて。向こうは、ゴツい」

文我「それでは、とても勝てん」

松朝「戦争が終わって、ここで命を落とすと思うたけど、日本軍は悪いことをせんとわかって、『日本人で、統治して行け』となって、今まで通り、将校が指揮することになった。点呼を取って、夜は寝るだけ。鉄砲を借りて、山へ狩りに行ったり、許可を取って、魚雷を海へ投げて、浮いてきた魚を採って、食事をする。そんなことをしてたら、頭がボケてきて。その時、気の合う者を集めて、落語を演り始めた」

文我「その時までに教えてもろたネタは、幾つぐらいですか？」

松朝「戦前に習うたのが、七つ、八つ。夕方、米團治師匠の家の代書屋の二階へ上がって、教えてもろた」

文我「今、東成区役所になってる所です」

松朝「最初に教えてもろたネタが、『親子酒』。『とても出来ません』と言うたら、『これをやっといたら、後の噺が楽や』。理屈はそうやけど、難しい。『無理です』『やっときなはれ』と言うて、『この親父は、良え家の出やけど、零落してる。貧乏してる時に出来た伜やさかい、ガラが悪い』と、細かいことまで教えてくれはる。『親子酒』の後、『首の仕替え』『江戸荒物』『卯の日詣り』『色事根問』『明石飛脚』『蛇含草』『胴取り』を教えてもろた。あの時分、後々、笑福亭枝鶴になった桂花柳さんが『聞かしてもろて宜しいか?』『どうぞ』『有難うございます』と言うて、しょっちゅう来て。わしの稽古の後、代書屋の二階で、酒を呑む算段。花柳さんは、メチルアルコールを呑んで、死んだ。枝鶴になったことを知らなんで、戦地から帰ってきて、五代目松鶴師匠に『枝鶴になったのは、誰方です?』と聞いたら、『花柳さんだんがな』」

文我「米團治に習うたのは、昭和十七年頃ですか?」

松朝「昭和十六、七年。皆に聞かすのに、戦時中、勝手に覚えた『子ほめ』『野崎詣り』も演って繋いでたけど、毎晩、お客が替わらん。米團治師匠に『毎晩演ってて、ネタが無くなりました。何かあったら、教えとおくなはれ』と、手紙を書いた。軍事郵便やったけど、終戦後やったさかい、返事が届いて。綺麗な字で、小噺の『柿・栗・松茸』が書いてある。柿が落ちてきて、下で当たる所も、絵で描いてあった。その手紙を日本へ持って帰ったら、宝になってたと思う。戦争に負けた時、目ぼしい物は没収。今になって、惜しゅうて、惜しゅうて!」

上方人情噺『弱法師』の定本

文我「その手紙が残ってたら、上方落語界の貴重な文化遺産です」

松朝「米團治師匠の落語は、何とも言えん情緒があった。『弱《よろ》法《ぼ》師《し》』の『色の割りに、味の無いお茶』と言う所なんか、一番好きや」

文我「昔、『弱法師』は、誰か演ってましたか？」

松朝「いや、知らん。能の『弱法師』が土台になってるけど、どこでヒントを得たものか？」

文我「『弱法師』という題は、米團治が『菜刀《ながたん》息子』の台本を纏めてた時、米朝師匠が『それは、弱法師ですな』と仰ったら、『ソレ、何や？　ほな、その題にしとこか』ということになったそうです」

松朝「『菜刀息子』の題は、早うから落語の演題帳に出てくる」

文我「唯、『百年目』『立ち切れ線香』みたいな扱いにはなってません。あれだけ立派なネタに仕上げたのは、米團治の功績でしょう。米團治のガリ刷りの本は、他にも『つる』『菊江仏壇』があります」

松朝「米團治師匠が長生きしてくれはったら良かったと、いつも思う。酒でボケてはるかも知れんけど、次の代に伝わる噺の数が増えた。唯、噺を長う演るさかい、陰気になってしまう。

内本町・松竹座のチラシ

専門家が聞いたら『上手い』と言うけど、『こんな所は要らん』と思う所まで入れてた。声を落としたり、引っ張ったりして、楽しんで。戦後、五代目松鶴師匠に教えてもろたけど、細かいことは言うてくれん。五代目の稽古は『浮世根問《うきよねどい》』が最初で、それも初めは、六代目が半分教えてくれた。『良かったら、稽古しまひょか』と言うて、丁寧に教えてくれて。『ここは、もう一寸、声を張った方が宜しい。ここは伸ばして、ここはトントントンと言うた方が生きる』。半分まで教えてくれて、『「噺を教えてる」と言うたら、親父が〔連れてきてくれ〕と言うよって、行っとおくなはれ』ということになって、戎橋松竹の楽屋へ行った」

文我「最初に五代目松鶴と会うたのは、その時ですか?」

松朝「戦前、松枝になった永田と、松屋町の松竹座の『上方はなしの会』へ行ってて、顔は知ってるさかい、『何《いず》れ、噺家になる人やと思うてた』と仰った。五代目は、ツッツッツッツッと教えてくれて、『わからん所だけ、紙へ書きなはれ』。五代目の所へ行ったら、ガタガタの『浮世根問』になってしもた」

文我「それは、昭和二十三年頃ですか?」

松朝「いや、もっと後や」

阪本氏、噺家を諦める

文我「阪本さんが、噺家になるのを諦めた理由を聞かせてもらえませんか？」

松朝「わしが長男で、次男は一回り下。その間、女が二人。米團治師匠の所へ稽古に行ってたけど、両方は出来ん。その時分としては大きい印刷屋で、馬喰町に五十人ぐらい居った。わしで三代目やさかい、噺も演りたいけど、出来んと思うて。親父も落語好きで、祖父も好き。祖父は謡曲が一番好きで、観世左近の許へ弟子入りして、ウチに出入りしてる紙屋や、インク屋に教えて。月夜の晩、二階座敷の電気を消して、黒紋付・袴で、祖父と弟子が『熊野《ゆや》』なんかを演ると、『あァ、良え芸や。わしも、演りたい』と思うた」

文我「やっぱり、値打ちのある芸です」

松朝「『熊野』『鞍馬天狗』『竹生島』を教わって、祖父の前で演ったら、『あかん！』。親父も『あかん！』と言われて、止めた。レコードパックに、謡曲のレコードが入ってて。その横に、漫才や落語がある。初代桂春團治と立花家花橘で、春團治はパッパッパッパッと言うけど、花橘はわかりやすいし、サゲもハッキリ言うさかい、花橘を聞いてた。昔の漫才は、砂川捨丸みたいに、鼓を打つ者ばっかり入ってる。その中で『やしょめ』という唄があって、『やしょめ、やしょめ。今晩、夜船に乗って、淀口で上がって、橋場街道、鳥羽街道。東寺の塔を横目で睨んで、油の小路をグルッと廻って、京の町のやしょめ。やしょめ、やしょめ』。この唄、面白いと思うて。祖父も親父も母親も落語好きやったさかい、キタやミナミの花月へ連れて行ってもろた。両親と一緒に行くと、先に御飯を食べるよって、良え落語が三本も五本も済んでしまう。わしは、一番太鼓や前座から聞きたい。親父は、わしぐらい好きやなかった。二代目桂三木助は『佐々木裁き』『はてなの茶碗』ばっかりで、初めて『関津富《せきのしんぷ》』を聞いた時、珍しい噺やと思うて、家へ帰ってから、一生懸命に書いて、覚えた」

文我「ミナミの料亭・三玄で、阪本さんが『〈関津富〉を覚えてます』と仰ったら、米朝師匠と米之助師匠が『覚えてなはるか!』。坂本さんが演りはった時、米朝師匠が感心も得心もして」

松朝「今から考えたら、昔の夢や。桂米朝さん、先代桂文枝さん、六代目笑福亭松鶴さん、桂枝雀さん、桂米紫さん、桂文紅さん、先代桂文我さんも、心安かった。米朝さんが、『文我と呑みに行ったら、えらい目に遭う』と言うて」

文我「そうでしょうね」

松朝「呑みに行っても、一軒では済まん。ウチで拵えた米朝さんの手拭いの包み紙を、関西テレビへ届けに行った時、文我さんが『坂本さん。一寸、行きまひょか?』。周りの人が、『止めとけ』という顔をしてる。用事が済んで、文我さんと一緒に外へ出た。キタの新地で、軽う

三代目桂文我ショーのチケット

に一杯呑んで、さよならしょうと思うてたら、『もう一軒、行きまひょ』。わしも嫌いやないさかい、『そうでんな。まだ、時間も早いし』『そうでっしゃろ。もう一軒、行きまひょ』。タクシーに乗って、新世界へ行って、入って行ったのが、漫才師がやってた、バー。本格的なバーと違うて、立ち呑みみたいな所で呑んで、『文我さん、お開きにしまひょか？』と言うたら、『もう一寸、呑みまひょ。まだ、早いがな。これからや！』。酒癖が悪うて、鱶《ふか》みたいな人とは知らなんだ。わしも若かったさかい、『そうでんな。もう一軒、行きまひょか。御馳走になりっ放しも嫌やさかい、わしの知ってる所へ行きまひょ』。宗右衛門町の太田川という、バーへ連れて行った。下が料理屋で、四階がクラブみたいな店。何軒も呑んで、メートルが上がってる。『ほな、役者の声色《こわいろ》を演りまひょか。知らざァ言って、聞かせやしょう！』『ヨゥヨゥ！』『延若は、こんな感じやったわ』『河内屋、結構でした』と言うてる内、相当、アルコールが廻ってきて。『この辺りで、お開きに』『まァ、宜しいがな。まだ、宵の

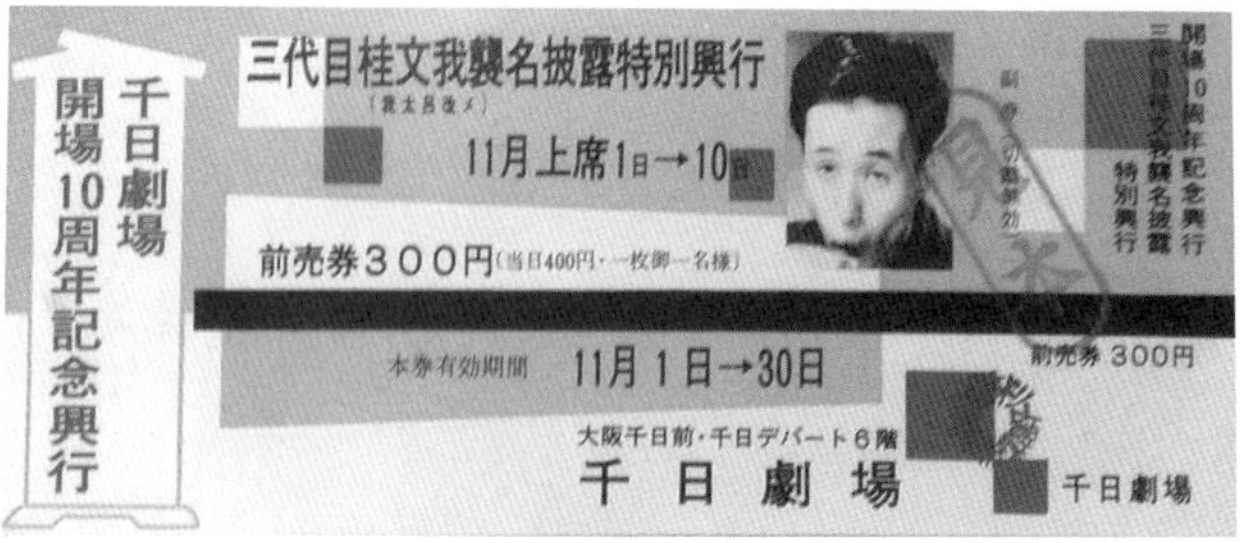

三代目桂文我襲名披露のチケット

口や！』。一時半か、二時になって」

文我「ほんまに、キリが無い」

松朝「『明日、仕事があるさかい、また、次回に』と言うたら、惜しそうな顔をして、『もう、帰りなはるか？』。何やら、悪いことをしてるような気がして。文紅さんは、噺家になる前、立命館大学へ行ってる時分からの心安さ。文紅さんが噺家になる前、どういう弾みか、四代目桂文團治のテープを持ってきた。ネタの題名が、サッパリわからん。植木屋が、松の木へ上がって、艶っぽい内緒事を覗いて、『辛抱たまらん』と言うて、家へ飛んで帰る噺。『〔植木屋覗き〕かな？』と言うたら、文紅さんも『それしか無いな』。その時分、『近所付合い』という題は思い付かなんだ」

文我「そのネタは、六代目松鶴師匠が演ってました」

松朝「植木屋が飛んで帰って、『嬶《かか》、えらい所を見てきた。一寸、一寸』『昼日中《ひなか》、何を言うてる。ほな、松島か飛田へ行ってきなはれ』。お金をもろて、外へ出たら、お咲さんが『松っちゃん、

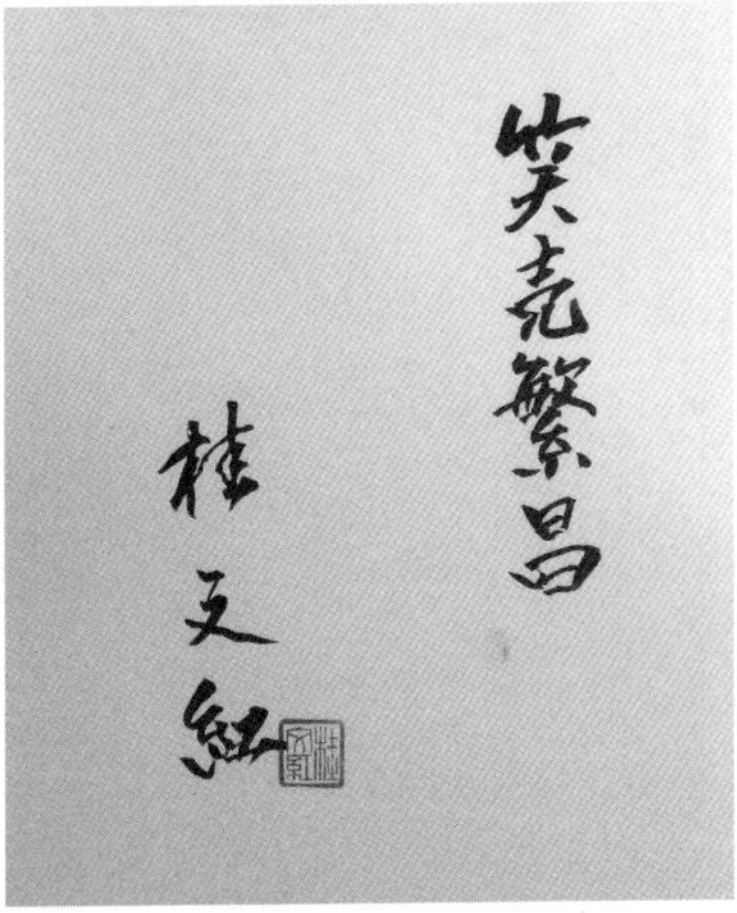

四代目桂文紅のサイン

どこへ行くねん?』『辛抱出来んさかい、松島か飛田へ行ってくる』『それやったら、ウチでしなはれ』『さしてくれるか?』と言うて、その家へ入って。自分の家へ帰ったら、『あんた、えらい早かったやないか』『行こうと思うたら、お咲さんが〔さしたる〕と言うて』『最前、渡した二十五円は?』『お咲さんに渡した』『阿呆! あそこの旦那やったら、いつも、ウチへ来て、タダでやってる』。テープを持ってきた文紅さんも知らんさかい、『〔植木屋覗き〕にしょう』ということになって」

文我「阪本さんが五代目松鶴の所へ行ってる時分、三代目林家染丸は廃業してましたか?」

松朝「箱根か、どこかへ行ってて。大阪へ帰って、染語楼になった」

文我「変わり者の、桂米歌子は知りませんか?」

松朝「どうやら、わしと入れ替わりらしい。兵隊へ行ってる時、米朝さんが家を訪ねてくれた。

　母親から、『あんたが兵隊へ行ってる時、米朝さんという御方が訪ねてきてくれはったけど、丁寧で、立派な御方やね』と聞いた。兵隊から帰って、初めて米朝さんと会うた時、米團治

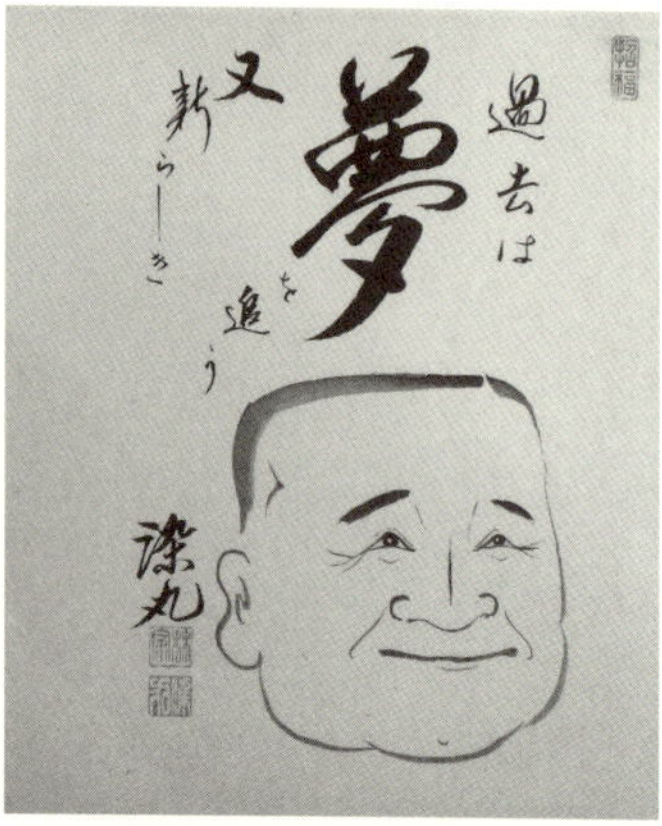

三代目林家染丸のサイン

師匠の家へ内弟子で入ってて。兵隊の時、もろた焼酎があったさかい、米團治師匠へ届けに行って、初めて顔を合わせた。米團治師匠が『あんたが兵隊へ行ってる時に出来た弟子が、コレや』『初めて、お目に懸かります』と言うたけど、わしの留守中、家まで来てくれてる。そんなことは言わんと、『宜しゅう、お願いします』『此方こそ、存じませんで』。『お口直しに』と言うて、米團治師匠に焼酎を出したら、『あァ、これは結構な物をいただきまして。何よりですわ』」

文我「喜びはったでしょう」

松朝「米朝さんに『一寸、コップを持ってきて』と言うて、三人で呑み出して。わしも戦地で強い酒を呑んでたけど、えらい酔うてしもた。米團治師匠も酔うて、『一寸、失礼させてもらうわ』と言うて、横になりはって、米朝さんが布団を掛けたりして。その後、米朝さんと戦地へ行った時の話をした。わしも酔うてきたさかい、『ほな、失礼しますわ。また、ゆっくり、お会いさせてもらいます』。外へ出たけど、遅うまで呑んでたさかい、今里から乗る電車が無うて、上本町六丁目まで歩いて帰った。大軌《だいき》と言うてた近鉄電車を横目に見て、三笠屋百貨店があって、公園があって。その辺りを、万日前と言うてた。ベンチで寝て、寒うなってから、家へ帰ったことを覚えてる。あれは、若い時の一つの過ちや」

文我「いや、良え思い出と思います。四代目文團治の家は、森ノ宮と玉造の間にありましたけど、行ってませんか？」

松朝「あんまり、付き合いが無かった。その家は、文紅さんが一人で行ってたのと違うかな？文團治は講談も演ってたさかい、落語が講談掛かってた。文團治の口調は、『いかけ屋』みたいな面白い噺より、お裁き物の『帯久』なんかが合うてると思う。『いかけ屋』は、二代目春團治も十八番で演ってた。何遍も聞いたけど、一寸も『いかけ屋』へ入らん。春團治は、枕ばっかり振って、子どもと大人の噺とか、エロチックな噺ばっかり。『これから、いかけ屋が出て参ります。お後と交替』で終わるさかい、長い『いかけ屋』は聞いたことが無かった。『赤貝猫』は、生で聞いたけど、その時分、臨監席があって、警官が来たら、後ろで赤いランプが点く。警官が帰ったら、ランプが消えるという塩梅。『赤貝猫』を演ったら、サゲが臨監席の警官に引っ掛かる。

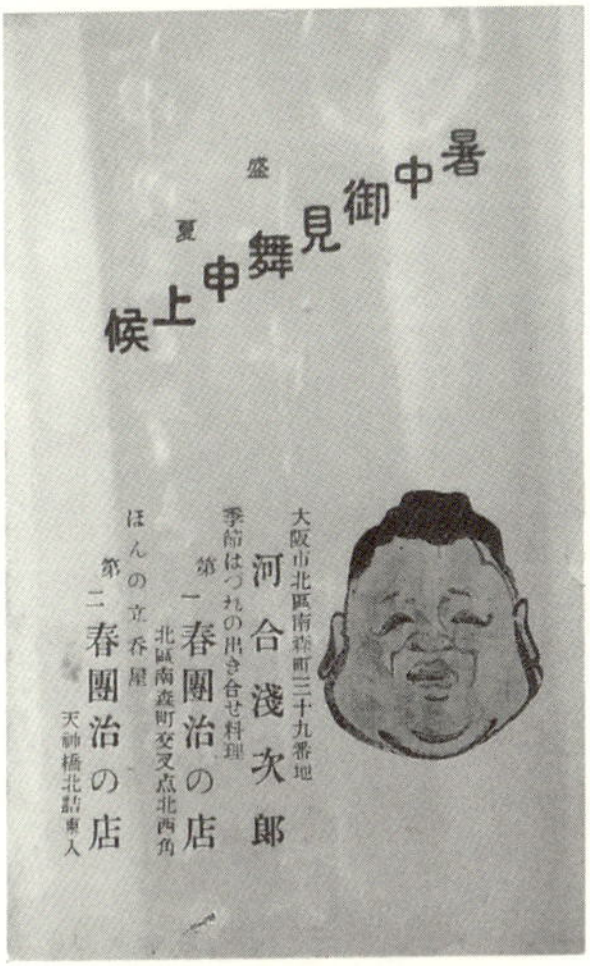

二代目桂春團治のハガキ

『早う、帰ったらええのに』と思うたけど、そんな事は言えん。それから後、『赤貝猫』に当たった時、『ドブ貝猫』という題で演ってた。その時は、臨監席が無かったさかい、サゲまで行って。春團治系は、艶笑噺が得意。初代春團治も、エロが好きや」

文我「お金を取って落語を教えてたという、文殖家文福は御存知ですか？」

松朝「京都の文の家かしくの弟子で、『昔、こんな噺がおました』と教えてくれて。戎橋松竹の楽屋に、前座で居った」

文我「五代目桂文吾は、如何でしたか？」

松朝「文吾というたら、二代目文我？　文我が文吾になったと聞いて、ビックリした。とにかく、下手《へた》。落語の後、『槍さび』を踊っても、ラジオ体操みたいや」

文我「米朝師匠も、『必ず、覚えといてくれ。五代目文吾は、名前潰しの人や』と仰いました。名前を次々潰して、最後は笑福亭福松になろうと考えてたそうで」

松朝「いろんな人の噺を聞いたけど、あの人は噺も踊りも下手やった」

文我「東京と大阪の言葉が混ざってたそうで」

松朝「その時分、浪曲を見に行ってた。今、浪曲が下火になってるのは、節が同じで、変化が無い。昔は独特の節廻しで、皆、違うた。三味線も関東節は高いし、大阪は水調子。滑稽浪曲が好きで、日吉川秋水、日吉川秋斎、広沢駒蔵、岡本玉治、広沢晴海。梅中軒鶯童の『紀伊

二代目桂文我の華緑時代のサイン

二代目桂文我の小文時代の手拭いの包み紙

國屋』『吃又』『吉原百人斬り』もあるけど、滑稽浪曲が好きや。女流は富士月子、京山小圓嬢、吉田小奈良。関東節は玉川勝太郎、広沢虎造、木村友衛、春日井梅鶯。三門博の『唄入り観音経』の『遠くチラチラ、灯りが見える』も味があるし、二代目玉川勝太郎も『利根の川風、袂に入れて』と、独特の節。相模太郎の『灰神楽三太郎』の『毎度、皆様、お馴染みの、あの次郎長に子分はあるが、強いのばかり揃っちゃいない。中にゃ、とぼけた奴もある』も懐かしい」

文我「広沢瓢右衛門は、どうでした

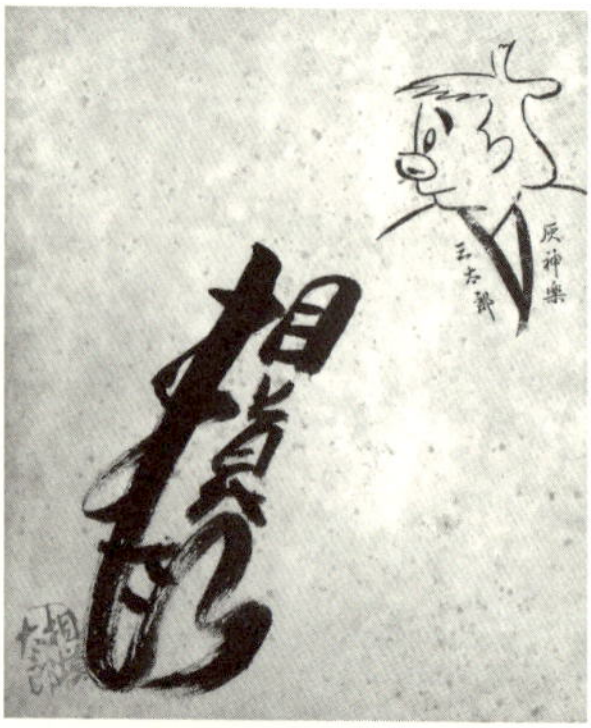

初代相模太郎のサイン

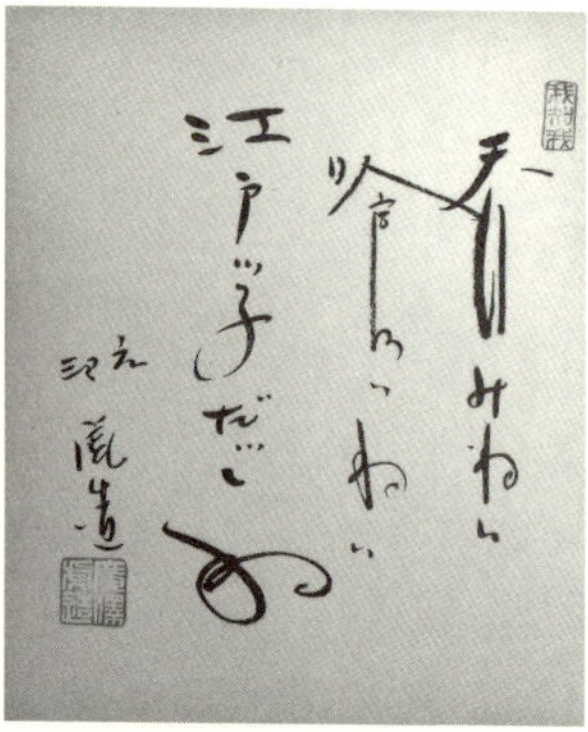

二代目広沢虎造のサイン

か？」

松朝「声の悪い人で、節も良うないけど、『雪月花三人娘』『英国密航』は、他に演る人が居らん。それから、日吉川秋斎の『藪井玄亥』『水戸黄門』も好きやった」

文我「秋斎節は、リズミカルです」

松朝「それに、曲師のテンポが良え」

文我「曲師は奥さんで、舞台を下りるなり、『あんな弾き方をしたら、演れん』。大喧嘩やったと、私の師匠から聞きました」

松朝「そんなことがあるさかい、芸が伸びる。今、漫才を聞く気が起こらんし、服装からして好かん。ネクタイは、色を替えてもええけど、同じような背広を着て、ちゃんとしてほしい。ダイマル・ラケットは面白かったし、値打ちがあった。ワカナ・一郎も見たし、石田一松がバイオリンを弾いて、『のんき節』を演った時も見に行ったわ。秋山右楽・左楽、浮世亭出羽助。今の漫才は、マラソンへ行くみたいな恰好や。せめて、背広ぐらい着てほしい」

文我「浮世亭歌楽師匠は、『オッペケペ』を演ってました」

松朝「歌楽・サザエも良かったし、好きやったのは、市子・市松。浪花節の真似でも、市松が『水をォ――――ッ、呑むわ』と言うのが面白かった」

文我「映像で残ってる漫才は、松鶴家光晴・浮世亭夢若」

松朝「『曽我兄弟』で、光晴は浪曲を演って、夢若がボケる所が面白かった。ミヤコ蝶々の前の旦那の三遊亭柳枝は、新世界の柳枝劇団で、ボテ鬘《かづら》を被って、チョン髷を乗せて、剣劇の真似。あの時分、劇団が仰山出来て、東京の金語楼劇団も来て。漫才の杉浦エノスケは、杉浦栄之輔と言うてた。花菱アチャコが中耳炎で休んだ時、栄之輔をエノスケにして、横山エンタツと漫才を組んで。アチャコは、中耳炎が治ってから、千歳家今男と組んだ」

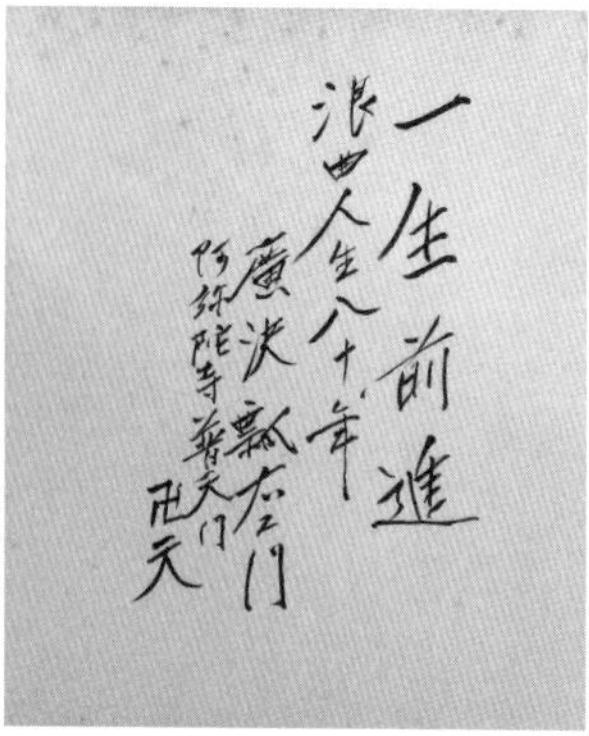

広沢瓢右衛門のサイン

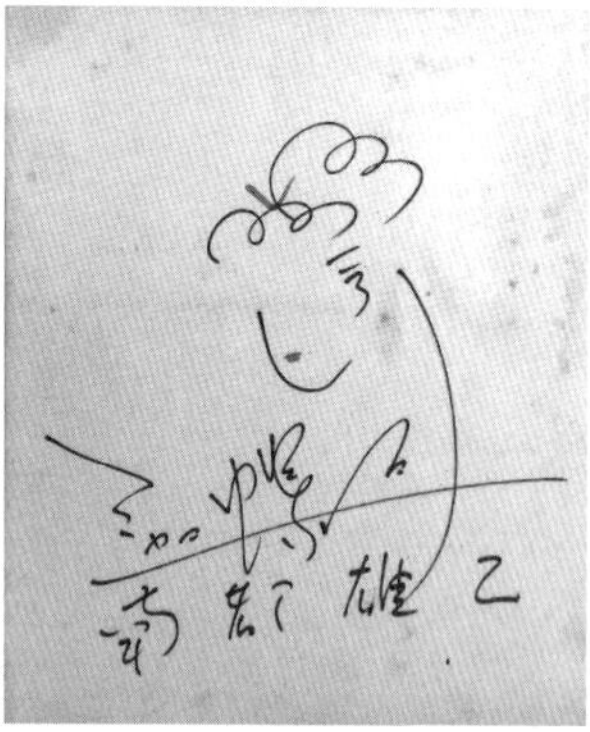

ミヤコ蝶々・南都雄二のサイン

中田ダイマル・ラケットのサイン

戦地の思い出

文我「落語の話に戻りますが、最近、月亭可朝師匠が亡くなりました」

松朝「本名が、鈴木傑《まさる》。三代目染丸に破門されて、米朝さんの許へ行って、小米朝になった。三越へ自家用車で来てたけど、ボディの横に、小さい字で『小』と書いて、『米朝』と書いてある。人が見たら、米朝さんの車と思う。北浜の三越に劇場があって、屋上の高台に大砲が置いてあって、昼になると、大砲をドンと打つ。後々、ドンは止めて、サイレンに替わったけど、その時分、どこの会社も、昼になったら、サイレンを鳴らした。ブゥ——ッという三越の音だけ、えらい大きい。土曜日だけ、半分しか鳴らさんよって、半ドンと言うようになったそうな。三越のエレベーターの扉は、ガシャッと開けて、網になってるのを閉めてから、中を閉めて。エスカレーターも、足袋の絵が書いてあった」

文我「私が幼い時分、三重県松阪市の百貨店のエスカレーターも、足型が書いてあったのを覚えてます」

松朝「男は靴のまま上がらんように、靴のカバーを貸してくれた。その時分、堺筋がメインストリートで、三越、白木屋。長堀に高島屋、日本橋三丁目に松坂屋があって。ピンク色の夕刊がエロチックで、仰山売れた。電車も満員で、大阪の市電の真ん中の扉が、ガチャンと外れる。扉は上で吊ってあるさかい、扉が下へ落ちて。あんなことで、よう走ってたと思う。電車の後ろへ、ブラ下がって乗ってた。夜になると、電車が空いてくる。日本橋三丁目から恵美須町の間、お客さんが一人も乗らん。あの辺りは、古本屋ばっかり。夜は障子を閉めて、カーテンを引いてるさかい、日本橋四丁目や五丁目は止まらん。日本橋三丁目ぐらいから、グワァ――ッと、傾いて走る。吊り革はガチャガチャ言うし、ヒューズは飛ぶし。その時分、パンタグラフやなしに、ポールやさかい、ガチャッと外れたら、電車が止まる。車掌が降りて直しても、上手な人やったら良え。下手な人は、何遍もガチャガチャやって、火花が散って、中々、直らん。阪堺電車は、今池から平野まで行ってた。今池を越えた所が、飛田。遊廓が見えて、堺の大浜へ行く間、宿院の次が竜神。電車は上がって行くけど、下は遊廓。遊びは関係無しで、研究したろと思うて」

文我「ひやかしですか?」

松朝「そうそう、ひやかし。『一寸、お兄さん。ゆっくりしていきなはれ』と言われたけど、『用事を思い出した』と言うて、帰ったこともあった。下手したら、病気をもろてくる。『一寸上がって、中を見たろ』と思うたこともあった」

文我「まァ、民俗学の研究」

松朝「確かに、民俗学の研究や。堺は、水族館と塩湯があった。堺へ行くと、竜神で一杯呑んで、大浜で塩湯に入って帰る。塩湯は大きゅうて、塩湯温泉。戦後、戦地で伍長やった満野という人が、竜神劇場の支配人をしてた」

文我「竜神劇場は、何を演ってましたか？」

松朝「今で言うと、大衆演劇で、寄席芸人も出てた。満野さんが『演芸会で、あんたに演ってもらおうと思うて』と言うて、俗曲の『青柳』の文句入りの台本を書いてきたさかい、演らん訳にいかん。わかりにくうて、文句が多い。『戻り橋。担ぎ、目深《まぶか》に立つ女』というのが始まりで、女の名前が小百合。『雨月の空の定めなく、降らぬ内にと思えども、ここは一条戻り橋』と言う所で、小百合が入る。渡辺綱が通り掛かって、『女性《にょしょう》、何《いず》れに？』『女一人の夜道とて、ここに佇み居りまする』『何方の方へ参られるか？』『五条の辺りへ参ります』『それは、重畳《ちょうじょう》。拙者も、五条の辺りへ参る者。では、同道しよう。こう来られよ』と言うと、『空も霞みて、八重一重』という謡も入って」

文我「支配人は、日本へ帰るまでの上官ですか？」

松朝「その通りで、良え人やった。南方で投降した後、アメリカ兵が点呼を取ったら、何もすることが無い。自由な時間で、演芸をしても、花札をしてもええ。花札も、上手に拵えて。芝居をした時、おしかという名前の女形になった。歌舞伎に居った人が、椰子の髭《ひげ》を染めて拵えた鬘《かつら》を被って」

文我「一体、どんな芝居でしたか?」

松朝「おしかが男に惚れるけど、邪魔が入って、一緒になれん。間へ入る人が居って、上手に纏めてくれるというストーリー。初めての女形やけど、『この役が向いてるよって、阪本さんが演って』『旅の恥は掻き捨てやさかい、演ろか』と言うて」

文我「化粧道具は、どうしましたか?」

松朝「どこから持ってくるか知らんけど、クリームの実みたいな物や、塗る墨もあって。兵隊の手拭いで、着物も拵えた。素人とは言え、一応、演出家が居って、『もう一寸、しなだれ掛かった方が良え』と言うて。漫才・落語・奇術・楽団で、各駐隊を廻った。そこで落語を演ってる内、復員命令が下って。翌年の一月か二月、和歌山の田辺港へ着いた。戦地で、『結構なことをさせてもろてるけど、皆、固めといて、ドカァーンとやるのと違うか?』という噂が流れて。『阪本さん、慰問団に残りますか? 戦地に残って、皆を慰めてもろたら、有難いけど』『大分、演らしてもろた。皆と一緒に、日本へ帰りたい』と言うて」

文我「復員命令は、纏めて下りますか? それとも、個別?」

松朝「班毎、一緒に帰ることになった。いよいよ内地の土を踏めると思うて、船へ乗ったけど、『海の真ん中へ行って、ドカァーンと、魚雷でやられるのと違うか?』『向こうも、生きて帰そうとは思うてない』と、悲観的な噂ばっかり流れる。海の真ん中へ行ったら、船がキチンと止まって、『いよいよ、覚悟せなあかん』と思うた。暫くしたら、チャンチャンチャンチャンと鐘が鳴って、スゥーッと動いて。ヤレヤレと思うて、日本へ近付いたら、青い松が見えてきて、汽車がポッポッポッポッポッと煙を吐いて走ってるのを見て、懐かしいと思うた。『汽車が走ってるさかい、和歌山か白浜へ着くのと違うか？』と噂をしてたら、田辺港へ着いて、検疫を受けて、頭から真っ白けのＤＤＴを掛けられて。南方で蚊に刺されて、マラリヤに罹ってた。南方に居った時も、寒うて、寒うて。大布団を被せて、押さえてもろても、ガタガタ震えてる。グワァーッと、熱が上がって。日本へ帰ったら、隣りの人も、マラリアで震えてた」

文我「同病、相憐れむですか？」

松朝「わしが震うてない時は、隣りが震えて、マラリヤ長屋や。戦時中にも、死に掛けた。大砲が港へ着いたら、兵隊が運ぶけど、マラリアに罹って、三十九度の熱が出て、動けん。友達が『軍医を呼ぶさかい、しっかりせえよ。もう一寸、生きとけ』と言われたら、情け無うて」

文我「『生きとけ』ということは、死に掛かってるのが、周りでもわかった」

松朝「軍医も揚陸作業に行って、上等兵しか居らん。昔は、胸へ気付け薬の注射を打った。揚陸作業が終わって、隊長が帰ってきて、『どうした？』『阪本に震えが来て、軍医が居らんさかい、難儀してます』『部下を見殺しにすることは出来んさかい、わしが打つ！』。隊長が打つというても、素人や。寝てても、耳は聞こえてるさかい、『わからんままに打たれたら、これで終わりや』と思うて。胸へ注射を打ち掛けた時、丁度、軍医が帰ってきた」

文我「ほんまに、天の助けで」

松朝「軍医が注射を打ったら、スゥーッと落ち着いて。下手に隊長や上等兵に打たれたら、死んでたと思う。晩になると、不寝番が付いてくれて、『阪本、死ぬなよ』と言うさかい、余計、心細うなって。あの辺りは、椰子《やし》の木が生えてて、風が吹いてくる。蚊帳《かや》だけ吊って、他の者は寝てるけど、わしの枕元だけ、蝋燭《ろうそく》がチョロチョロ点いてた。交替で兵隊が付いて、『阪本、死ぬなよ』。心細うて、夜明けを待ち兼ねた。お蔭で、何日かで治って」

文我「それだけ、寿命をもろてたようで」

松朝「お蔭で、楽をさせてもろた。毎晩、ウチの班から演芸駐隊に行く者を募集して。皆が寝てる時分、他の駐隊へ慰問に行く。電車が通ってる訳やなし、ジャングルを通って、次の隊へ行って。自動車もあったけど、位が上の人しか乗れん。歩いて行って、向こうで一席演った後、御馳走が出る」

文我「一体、どんな物が出ましたか？」

松朝「魚雷を爆発させて、浮いてきた魚を椰子油で揚げて。果物は、マンゴやパパイヤ。将校も下士官も一緒に会食して、残った物をもろて、ジャングルを通って帰るのを、兵隊が楽しみに待ってる。寝間から首を出して、ツバクロ（※ツバメ）みたいや。お蔭で、美味しい物が食べられた」

文我「味噌・醤油は無いでしょう？」

松朝「塩・椰子油はあるけど、タイ米はある時と無い時があって、おかずで補充した」

文我「汽車で大阪へ帰ってきて、どうなりましたか？」

松朝「ウチは一時期、阪和線の美章園に住んでた。和歌山から汽車に乗ったら、窓には板が張ってあるし、座る所もボロボロの監獄の列車みたいで、走って目的地へ着くだけ。阪和線の美章園で降りようと思うたら、通り過ぎて。美章園の駅が高架になってたのが、爆弾で飛んでしもて、阿倍野まで止まらん。阿倍野で降りたら、橋の上へ、鍋や古着を並べて。闇市が、夜店以上に並んでた。買う気も起こらんし、ウチへ帰らなあかんと思うて、近鉄の北田辺で降りたら、家が無い。近所の村上さんの家が残ってたさかい、『今、帰りました』『あァ、よう帰ってきはった。元気で、何より』と言うて、物が無い中、御馳走してくれて。『家は無いし、どこへ行ったら宜しい？』『お宅の家は、東区に移ってますわ』」

文我「移った家は、何方ですか？」

松朝「谷町の五丁目と六丁目の間の十二軒町で、一番爆撃の酷い所。美章園の村上さんは、兵隊へ行く前から、心安うしてた。次の日、十二軒町へ行ったら、親父がボケたような顔をして、喜んでくれて」

文我「倅は、死んだと思うてた」

松朝「髪はボウボウ、髭を生やして帰ってきて。今の人は、幸せや。戦争は、二度としたらあかん。ほんまに、あんな悲惨なことは無い」

文我「戦争に近付くことも、あかんと思います」

噺家との付き合い

文我「戦争から帰ってきて、結婚しましたか?」

松朝「兵隊で極道してきたと思うて、『今の内、嫁はんを持たしとかなんだら、どんなことをしよるやわからん』と、親が心配して、昭和二十二年に結婚した」

文我「戦前の落語会の思い出を、もっと聞かせて下さい」

松朝「松屋町の松竹座の『上方はなしの会』へ、花柳さん、米之助時代の米團治師匠、林家染三さんの三人が、若手で出てた」

文我「笑福亭松朝の話に戻りますけど、五代目松鶴にもろた松朝の名前は、印刷屋を継ぐ時、返しましたか?」

松朝「返してないさかい、そのままになってる。米朝さんに『米團治師匠にも悪いし、どうしょう?』と相談したら、『もろときなはれ。構へんがな』。そやから、六代目松鶴も『兄弟弟子や』と言うてくれて」

文我「三代目春團治師匠と、付き合いは無かったですか?」

松朝「春團治さんとは、接点が無かった」

文我「小文枝師匠は、如何ですか?」

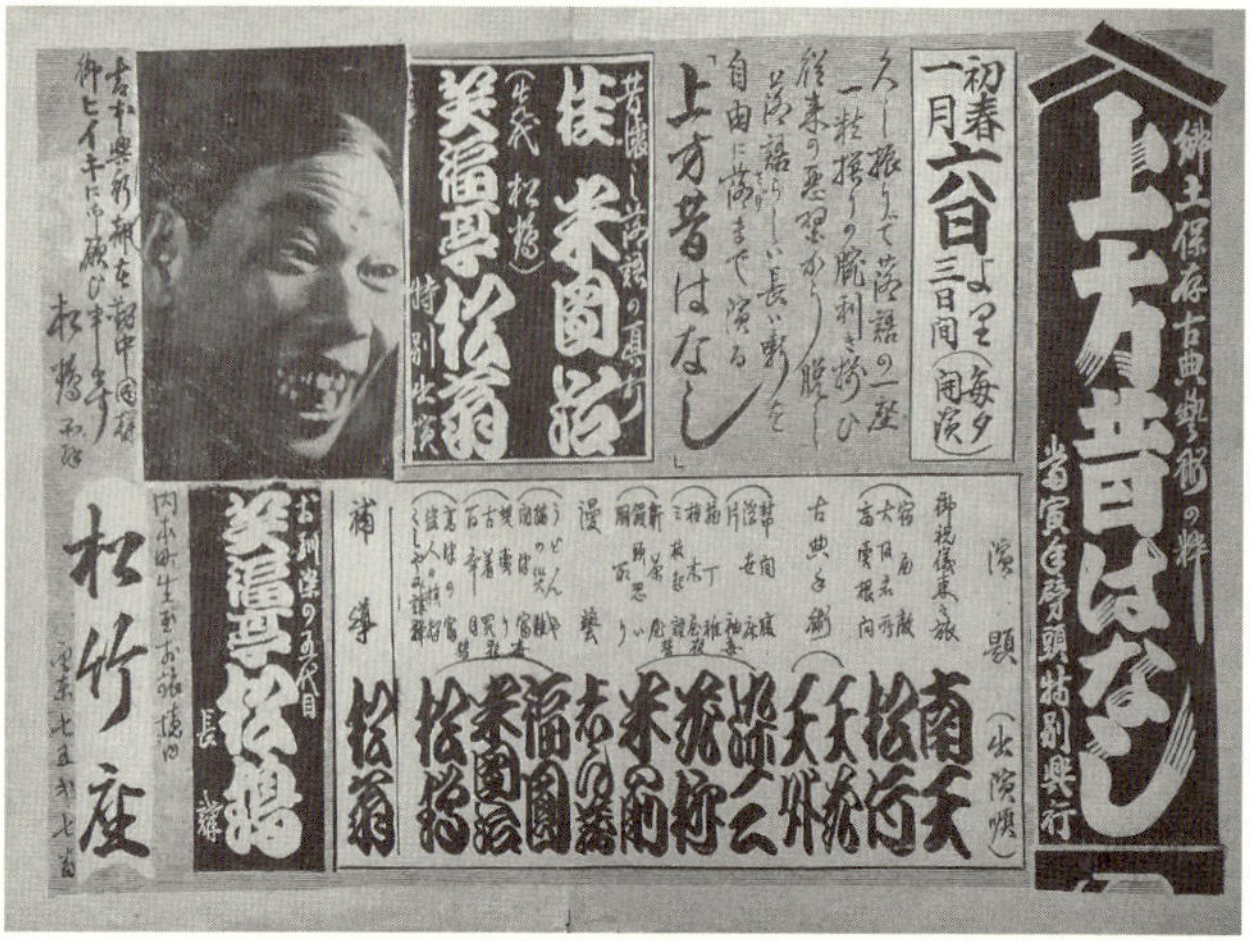

内本町・松竹座のチラシ

松朝「小文枝さんは、会のプログラムの印刷もしてた」
文我「松鶴師匠と、呑みに行ったことは？」
松朝「何遍もあって、キタの新地の串カツ屋へ連れて行ったら、『どこでも、よう知ってるな』と言うて、かなり呑んだ」
文我「米之助師匠とは、如何でしたか？」
松朝「家へ行って、御馳走をよばれた。浪曲好きやさかい、二階からカセットを持ってきて、『二遍、中川伊勢吉を聞きなはるか？』。ウチの得意先が若江岩田にあって、その家の奥さんが『阪本さん、どこへ行きなはる？』『米之助さんの家へ行こうと思うて』『ほな、一緒に行きまひょか。私も、しょっちゅう行ってますわ』。米之助さんに、浪曲を仰山聞かせてもろたさかい、京山雪舟の『河内十人斬り』

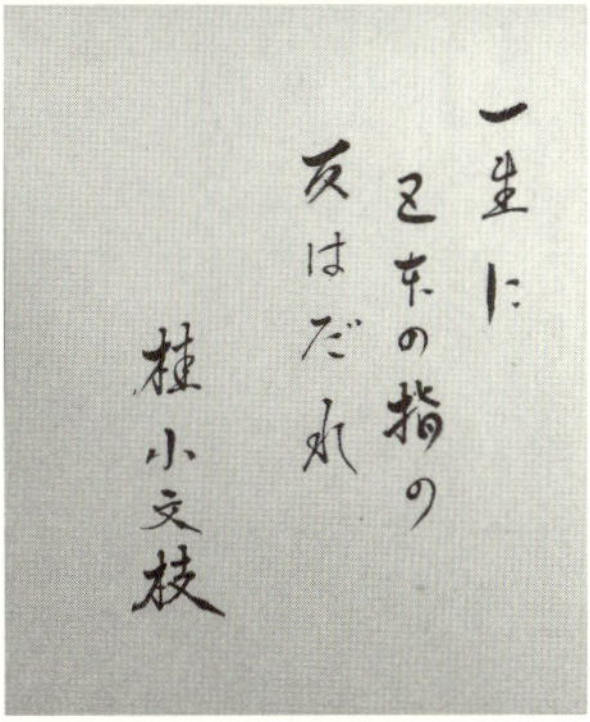

三代目桂小文枝のサイン

の、妹との別れの所を持って行く約束をして」

文我「米治郎師匠は、如何ですか？」

松朝「米治郎さんも、よう知ってる。天王寺の西門と、茶臼山の間の木村刃物の、紙を切る断裁包丁の刃を替える商売の外交で、ウチの店へ入ってきた。米治郎という弟子が居ることは聞いていたけど、米團治師匠の家で会うたことが無い。商売の外交で入ってきたさかい、『奇遇や』と言うて、それから心安うなって。『何か、書いてきて』と言うたら、『つる』の台本を書いてきてくれた。写真も一緒に写ってるけど、行き来してる間に、音沙汰が無くなって。確か、林修という名前や。ざこばさんが『林さんの連絡先、わかりまへんか？』と電話してきたけど、『全然、姿を見せんし、どこに居るかわからん』と答えて、それ切りになった」

文我「亡くなって、大分になります。橘ノ圓都師匠は、如何でしたか？」

松朝「圓都さんは、接点が無かった」

文我「露の五郎師匠は、如何でしたか？」

松朝「あの人とは、心安い。研究家で、勉強家。芝居噺でも、一寸変わったネタがあった。八代目林家正蔵の家へ出入りして、『累《かさね》』とか、怪談噺も演ってたし、艶噺も仰山演って。クラウンから、テープが出たと思う」
文我「漫才師と、付き合いは無かったですか？」
松朝「全然、知らん」
文我「講談の旭堂南陵は、如何ですか？」
松朝「二代目は知らんけど、三代目の浅井幹夫は年賀状も来てたし、わしより長いこと、兵隊に行ってた」
文我「五代目松鶴の後妻・お鯉さんは、如何ですか？」
松朝「五代目の家へ行くと、『松朝はん、来はった』と言うて、あんじょうしてくれはった。寿法寺で、曾呂利さんの屏風・掛け軸を飾った時も、『松朝はん、此方へお出で』と言うて、可愛いがってくれはって」
文我「文の家かしくは、如何でしたか？」
松朝「あんまり、知らん。寄席の踊りは、立花家千橘が良かった。三木助は、固い踊り。松屋町の松竹座の『上方はなしの会』で、毛虫という綽名の三代目米團治が『海晏寺』を踊って、『蘭方医者』という珍しい噺も演って。お腹の中の出来物を、鳥刺しが虫に食べさせる。蛙を呑まして、蛇を呑まして、雉《きじ》を呑ました。鳥籠を持って、饅頭笠を被って、釣竿を持って、

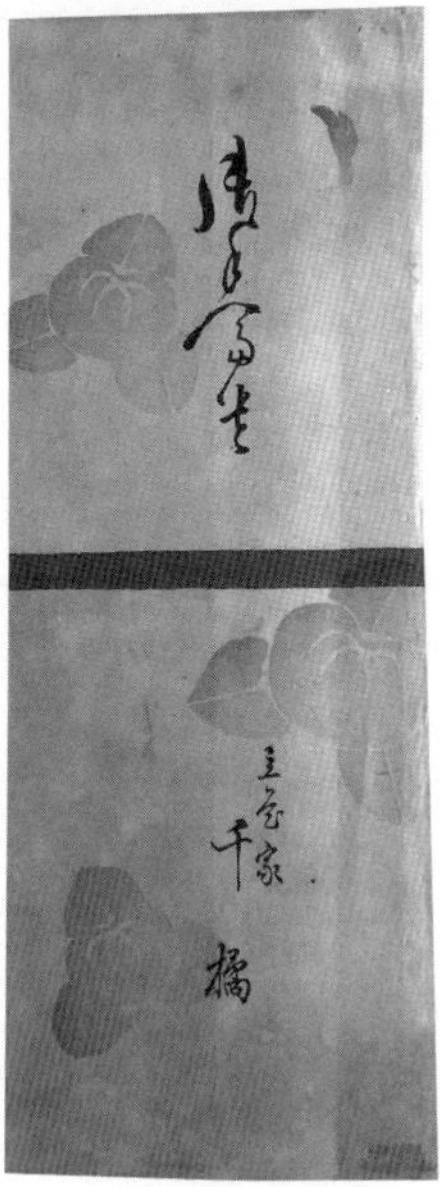

二代目立花家千橘の
手拭いの包み紙

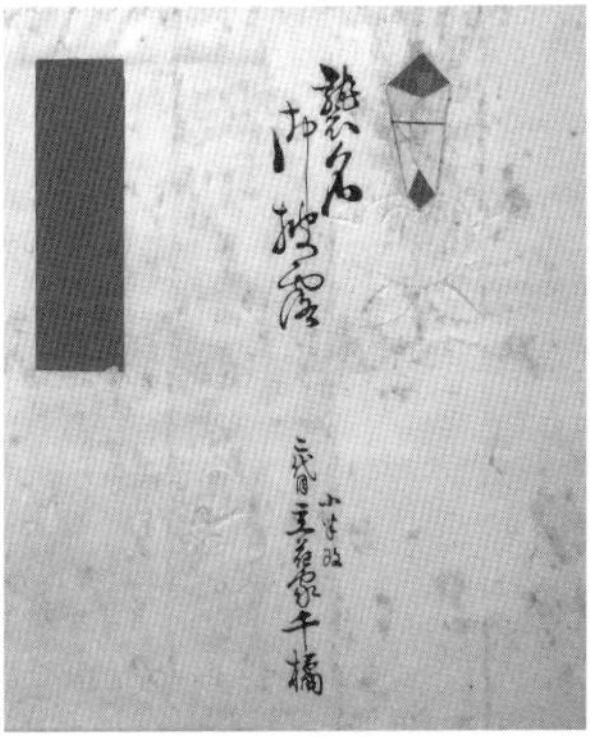

二代目立花家千橘の
襲名披露挨拶状の袋

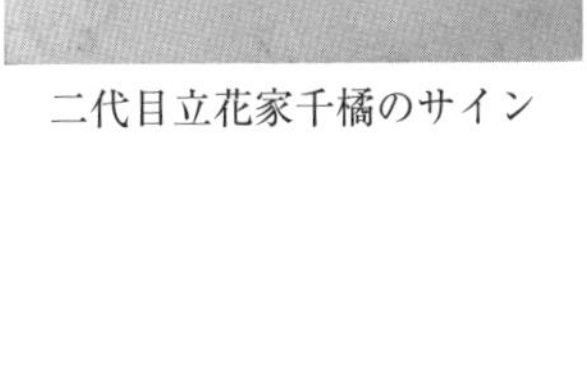

二代目立花家千橘のサイン

二代目立花家千橘のサイン

三代目桂米團治の
襲名披露挨拶状の袋

『釣ろよ、釣ろよ』と言うて。『チチンプイプイ、チチンプイプイ、エイッ！　どうじゃ？』『まだ、具合が悪うございます』『ウチでは出来んさかい、外科へ行きなはれ。笠（※瘡）が、竿に掛かってる』というオチ。その後、『今日は嬉しい会やさかい、一寸、踊らしてもらいます』と言うて、踊ってた」

文我「三代目文團治が大毛虫、三代目米團治が小毛虫という綽名《あだな》やったそうで」

松朝「そやから、四代目米團治師匠は難儀したと思う」

文我「その時分の思い出が、『おやじよ　恕《ゆる》せ』という随筆になってます」

松朝「三代目米團治と話をしたことは無いけど、あの人は難しいように思う。唯、好々爺という感じやさかい、四代目が書いてるほどやないと思うし、見方によると、良え人にも見えた。軽いしゃべりで、何とも言えん味があって、『蛸坊主』『ぬの字鼠』『猪買い』も演ってたわ。昔の噺家は、エロそのもの。淋病を患うた男が、池田へ猪を買いに行って、猪の毛を触って、『あかん！　毛をいろて、こんなことになった』。高座へ上がると、満面の笑み。『今日は、嬉しゅうございます。一寸、そこで、お稲荷さんで、よばれてきました。今日は一寸、酔うとりますけど、お聞き流しを願うときます』と言うて、軽い噺を演ってた」
文我「その時分、『風呂敷丁稚』『九年母』という小噺は演ってませんでしたか?」
松朝「聞いたことが無いさかい、レコードで覚えた。『一つ、尋ねるのが助かった』というオチで、わしが演った時、五代目の嫁のお鯉さんが三味線を弾いてくれて。もう一寸で終わる時、横に居る者と話をしてる。暫くしたら、『えらいこっちゃ、えらいこっちゃ！サゲや、サゲや！』という声が聞こえて、シャンシャンと弾いて、間に合うたことがあった」

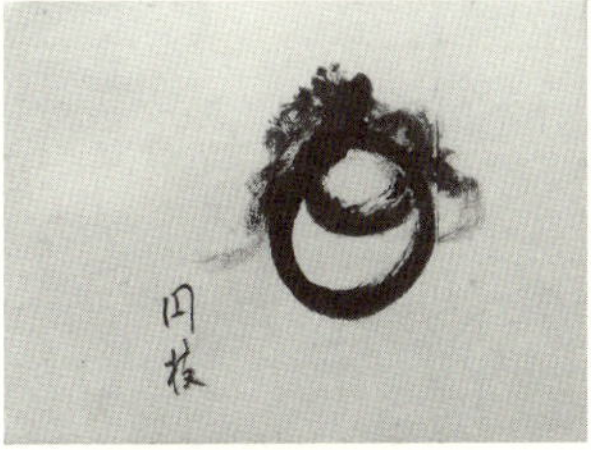
二代目桂圓枝のサイン

文我「嫌いなネタはありましたか?」
松朝「『按七』ぐらいで、圓枝さんが演った」
文我「圓枝は、『夢八』『按摩控帳』も演ってたそうで」
松朝「『夢八』は良かったし、『按摩控帳』は小噺。『唖の釣り』も演ってたけど、パッとせなんだ。四代目三遊亭圓馬になった小圓馬も、いろんなネタを演ってた。『かつぎ茶屋』『棒屋』『道具屋曽我』『鳥料理』」

文我「『鳥料理』は、どんな噺ですか?」
松朝「訳のわからん、『ふぐ鍋』に似たネタやったと思う。『酉ノ市』や、『初音の鼓』の『ポンコン』なんかを演った後、踊ってた」
文我「林芳(龍)男の桂小春團治は、如何ですか?」
松朝「円タクの噺や、『不精の代参』が多かった」
文我「初代桂小文治は、如何ですか?」
松朝「古い噺を伝えてくれて、いつ聞いても違うネタやった」
文我「二代目桂三木助は、如何ですか?」
松朝「噺を千ぐらい知ってると聞いてたけど、同じ噺が多かった」
文我「立花家花橘は、如何ですか?」
松朝「レコードでは、『さて、ここにござりましたお家は』と、狂言みたいな口調でも、実際の高座は、あんな言い方やなかった。『さて』は言うてたけど、もっとサラッとしてる。『春雨茶屋』を聞いた時、『実際に聞いてみなんだら、わからん』と思うて。何方かと言うと、芝居噺のようなネタが多かった」

初代桂小春團治のハガキ

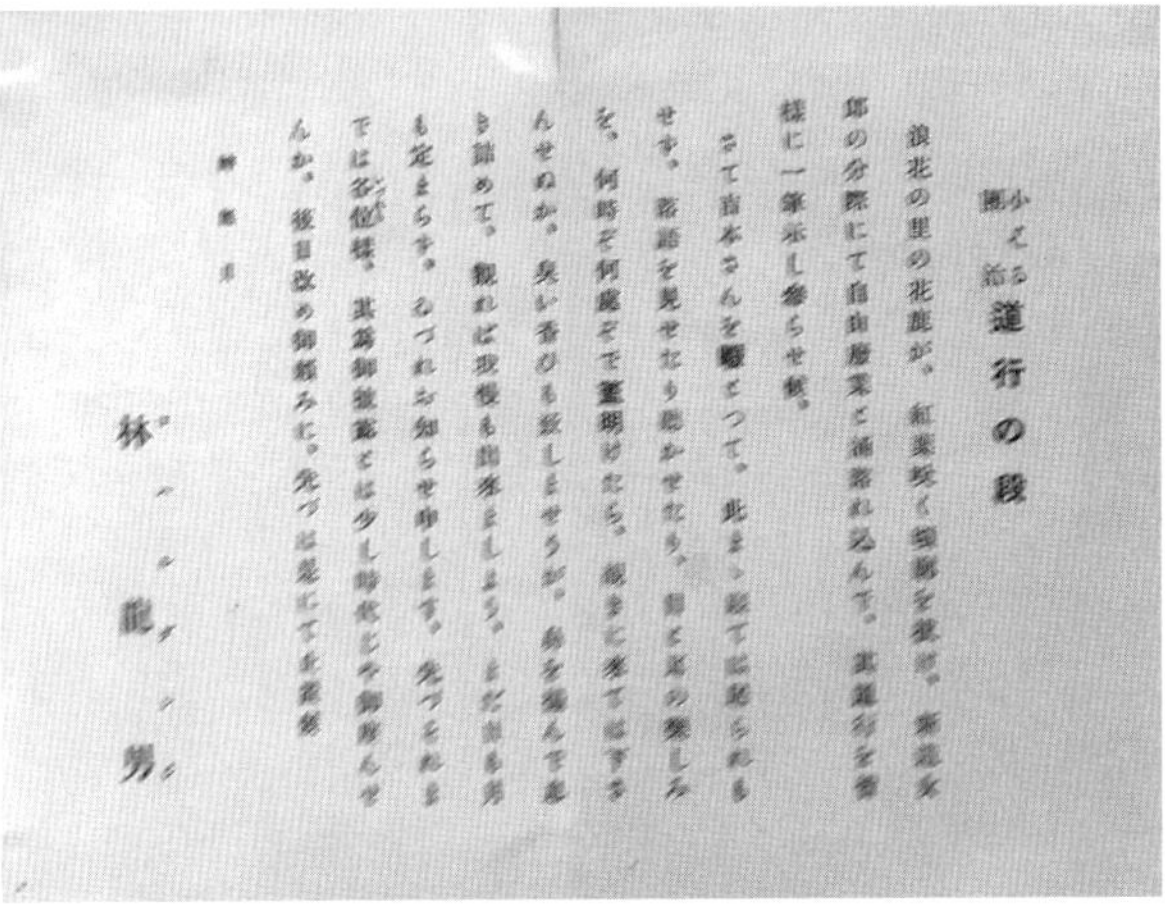

小ゑる團治　道行の段

浪花の里の花崔が。紅葉咲く蝦夷を後に。東遊女郎の分際にて自由廃業と洒落れ込んで。其道行を皆様に一筆示し参らせ候。

さて吉本さんを離さつて。此まゝ秘て出発られもせず。落語を見せたり聴かせたり。都と東の楽しみを。何時ぞ何處ぞで實現させたら。親きに来て下さりませぬか。臭い香ひも致しませうが。鼻を撮んで来き詰めて。観れば我慢も出来ましよう。まだ出る男も定まらず。いづれお知らせ申します。先づそれまでは各位様。其為御後援とは少し時代ぢや御座んせんか。後日改めて御願みに。先づは発にてまず

林龍男《コハルダンジ》

初代桂小春團治（林龍男）の一文

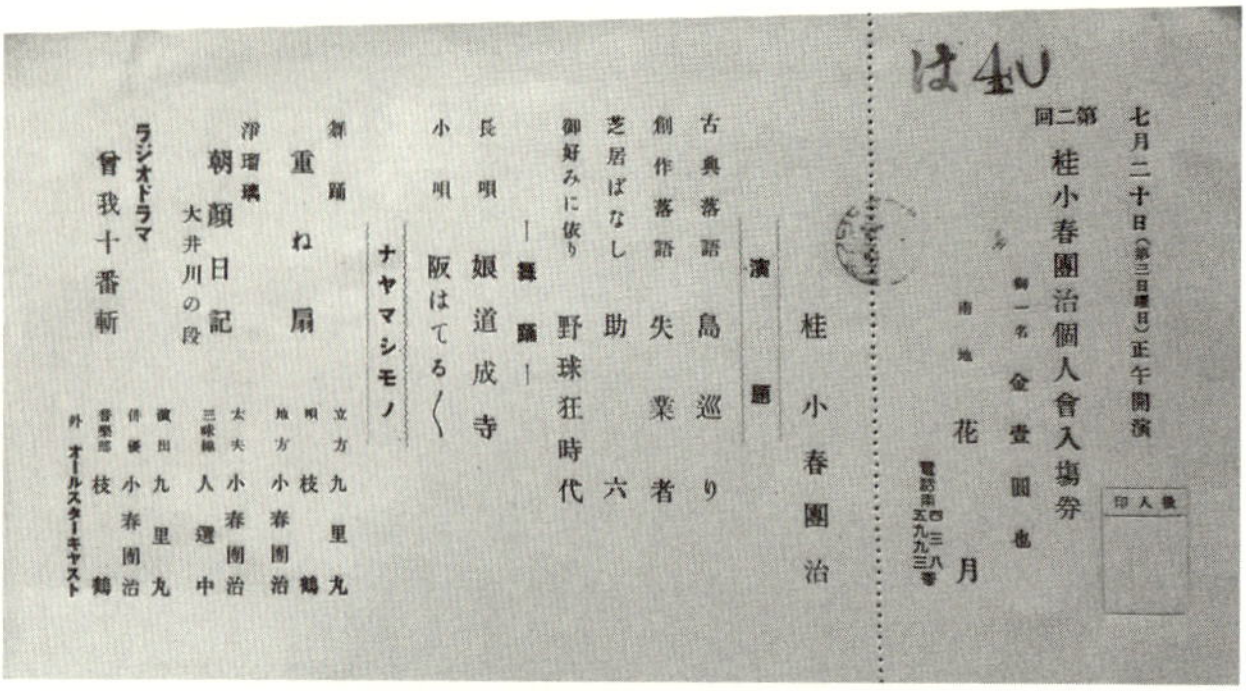

初代桂小春團治の会のチケット

初代桂小春團治（林芳男）のサイン

阪本氏、浪曲を唸る

文我「今度は、浪曲の思い出を聞かせて下さい」
松朝「梅中軒鶯童の『紀伊國屋』を覚えて、兵隊の時、演ってた。（節になって）百有余里の荒波を、腕と肝とで乗り切った。文左衛門のみかんの船で、掴み込んだる八万両。吉原江戸町の中隅楼へ一万両の投げ込みで、芸者・舞妓がお出迎え。駕籠に揺られて遊山に、花の巷に繰り込んだ。（台詞になって）初めて目に映る、吉原の趣き、流石の紀伊國屋も驚いた。『ウワッ！　流石、立派やな！』。湯から上がってくると、脱いでおいた経帷子の着物が無い。『姐さん、姐さん。ここに脱いでおいた着物が無いが、どうかしたのかえ？』『はい。此方に出来てありんす』。（節になって）白いお手々で後ろから、ふんわり着せ掛ける米沢の丹前に、浜縮緬の三尺帯。（台詞になって）『姐さん、姐さん。こんな良えのを着て、汚したらあかんねん。もっと木綿の布子でええのやけども』。（節になって）どうぞ、ご遠慮遊ばさず。それ着て、汚してくんなまほ。そうでございますか。（台詞になって）馬鹿なことを言いないな！（節になって）上がる、二階の大広間。昼は珍味の舌鼓、夜は美人の手枕で、夢か現か幻か。（台詞になって）ここで一先ず、勘定となると、番頭が恭しく勘定書きを持ってきた。『番頭さん。色々、お世話になりました。それで、何ぼほど足りませんな？』『何を仰いますやら！

お預かり致しましたのが、一万両。残りましたのが、一千両』『へェーッ！　まだ、そんなに残っとりますか。金という物は、儲け易い物で、遣い難い物やなァ』『さ、さ、左様でございます』『何やったら、あんたらで良えように分けとおくれ』『ありあり、有難うございます』と、番頭、喜んで、舌が攣《つ》って、物が言えん。木綿の着物に、突っ掛け草履。送られて出た、土手八丁。（節になって）帰りの船に塩鮭積んで、品川浜を船出する。十と八里の相模灘、来る時ゃ、ここらは命懸け。念仏唱えて来た所じゃが、今日は至大の青海原。沖の鴎《かもめ》や、磯千鳥」

文我「実に、見事です！」

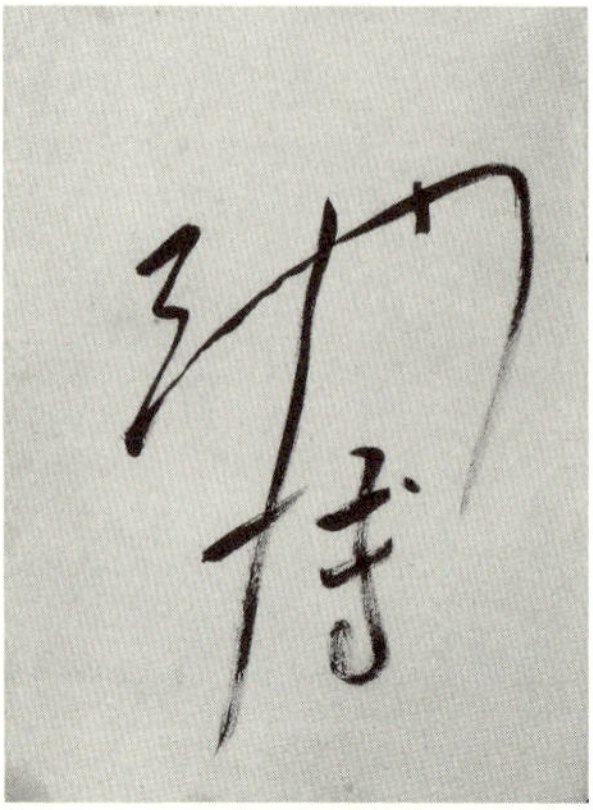

三門博のサイン

松朝「好きで覚えたし、三門博の『中村歌右衛門』も覚えてる。（節になって）旅のお客の夢乗せて、渡す蓮台、肩車。ここはどこぞと、馬子衆に問えば、箱根八里は、馬でも越すがよ。越すに越されぬ、大井川。目ン無い千鳥の朝顔の、昔恋しい物語。忍ぶ思いに、日が暮れりゃ、金谷の宿の朧《おぼろ》月。誰が弾くやら爪弾きの、水に映した昔の夢を、思い出してる旅の空」

広沢虎吉のサイン

寿々木米若のサイン

文我「別の題は、『男の花道』ですね」

松朝「兵隊に浪曲の好きな人が居って、教えてもろた。また、玉川勝太郎の『天保水滸伝』も演った覚えがある。（節になって）利根の川風、袂に入れて。月に竿差す、高瀬船。それから、寿々木米若の『佐渡情話』。（節になって）佐渡へ佐渡へと、草木も靡《なび》く。佐渡は居よいか、住みよいか。広沢虎造は、しょっちゅう演ってるよって、『もっと、他のを演りまひょか？』と言うて」

文我「今の浪曲師が、虎造節を演らんようになりました」

松朝「一番残ってないのが、広沢虎吉。『左甚五郎』なんか、レコードに入れてるはずや。木村派も、友衛や友忠が『天保六花撰』を演ると、ほんまに良かった。（節になって）六つ並んだ、六地蔵。三千歳《みちとせ》との再会は、丁度、時間となりました」

文我「ほんまに、良え節と思います」

松朝「春日井梅鶯、相模太郎。女流の伊丹秀子、天津羽衣。

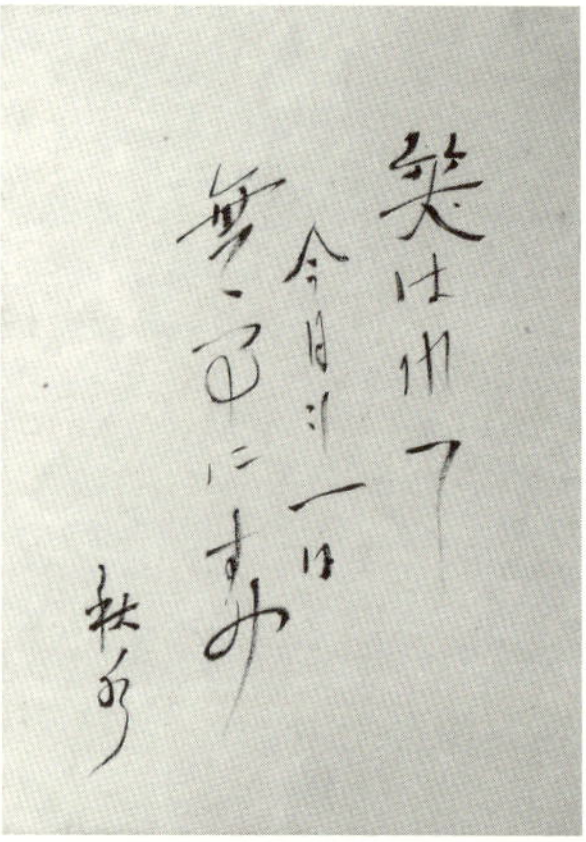

日吉川秋水のサイン

大阪やったら、春野百合子。大阪の浪曲師は、日吉川秋水、日吉川秋斎。どこかの会で、京山雪舟が『河内十人斬り』を演ったのを、得意先が録音してくれて、『おやなの別れ』や、最後の『鉄砲腹』や、最初の婆にやられる所もあって、三部作で入ってる。内緒の会やったさかい、三味線が入ってないのが惜しいけど、京山雪舟の腕で聞けるし、啖呵が結構」

文我「題材は古うなりましたけど、天光軒満月」

松朝「『父帰る』『召集令』、アレ一本で通ってた。あの時分、東天晴・天声が、お琴を使うて演って」

文我「東武蔵の『明石の夜嵐』なんか、結構です」

松朝「浪曲は、あんな人が出てくれなんだらあかんと思う。今の浪曲師は、同じ節ばっかりに聞こえる。吉田奈良丸は、『神崎東下り』の景色を読んで行く所が好きや」

文我「あァ、道中付け」

松朝「千日前の愛進館へ行ったら、看板に房が下がって、宮川松安、京山小圓の立派な看板が上

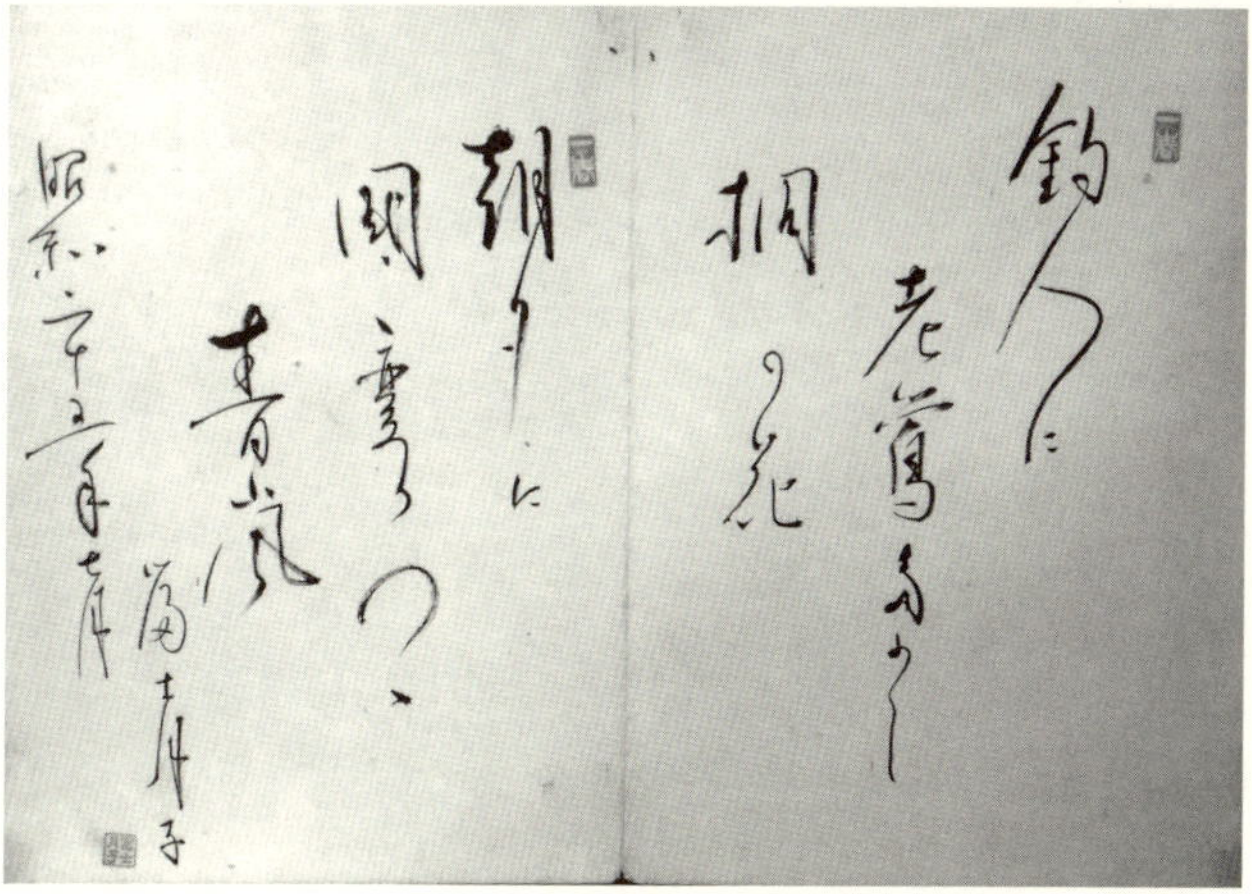

冨士月子のサイン

がって、いろんな人が出てた」

文我「天満の國光は、如何ですか？」

松朝「あそこは、行ったことが無い。天満の國光と、千日前の愛進館は、浪曲の二大館。あの時分、面白い浪曲師も居った。岡本玉治、広沢駒蔵」

文我「広沢晴海は、如何ですか？」

松朝「あの人は上手で、雪舟と同じぐらいの格。女流も、芙蓉軒麗花、富士月子、京山小圓嬢、吉田奈良千代、吉田華千代と、キラ星の如く、居った」

文我「『安来節』を入れた浪曲を演る、巴うの子は？」

松朝「あの時分、吉本の小屋へ出てたし、『江州音頭』『河内音頭』を入れた、桜川末子・花子の漫才も出てた」

文我「漫談の花月亭九里丸は、如何ですか？」

松朝「花月では、奥の方へ出てた。張りぼての箱を持って出てきて、ぼて箱の中に道具が入ってる。顔を描いた団扇《うちわ》を刺してみたり、でんでん太鼓を叩いたり。あの人は舌が短うて、舌足らず。元・噺家で、三升小鍋というて、ウチの印刷屋が贔屓《ひいき》にして、ウチの運動会へ出たり。都家文雄が、ボヤキ漫才を演ってなかった時分、一緒に余興を頼んでた。花月のトリは、結城孫三郎の『あやつり人形』が多かったわ。芸が済んで、高座を片付けなあかん。トリやったら、ゆっくり片付けられる」

文我「結城孫三郎の『あやつり人形』は、結構な芸でしたか？」

松朝「あァ、良かった。他の『あやつり』は、『安来節』を踊ったりしてたけど、結城孫三郎は義太夫の三味線を入れて、文楽人形の代わりを、あやつり人形で演ってた。文楽と同じ趣向で、皆が裃《かみしも》を付けて、大抵、トリや」

文我「ところで、桂米紫師匠が漫才を演ってた舞台は見てませんか？」

松朝「米紫というたら、斎田さん？　あの人は酒も呑まんし、真面目な人。確かに、漫才の出や。見たことはあるけど、印象に残ってない」

文我「米紫師匠は、腹話術も演ってたそうで」

松朝「噺家になるまで、いろんなことを演ってた。ウチの得意先の、野

花月亭九里丸のサイン

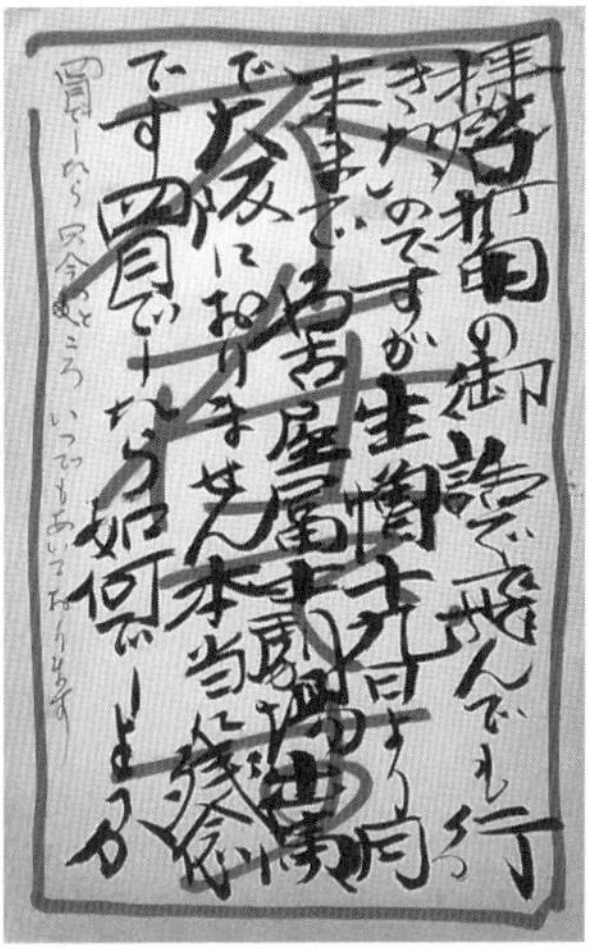
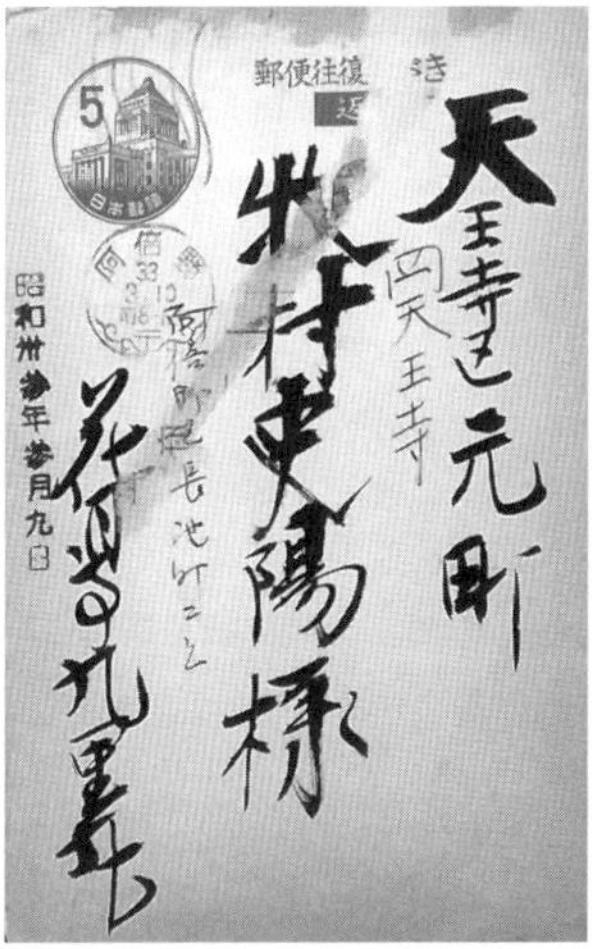

花月亭九里丸のハガキ

結城孫三郎のサイン

田阪神の吉野劇場というストリップ劇場で、漫才の荒川キヨシさんが、東コートを着て、モギリをしてた時分、注文を取りに行く内、心安うなって。話をしてたら、『米紫さんは、私らと一緒に演ってた漫才です』。その後、酒は呑まんけど、米紫さんと付き合いするようになって。吉野劇場の社長も浪曲好きで、正月に行ったら、広沢虎造のレコードが仰山あって、『阪本さん、浪曲は好きか?』と聞かれて、意気投合。ほんまに、あんな良え社長は居らなんだ」

文我「それは、昭和五十年代前半ですか?」

松朝「確か、その時分や」

戦前の演芸見聞録　1

文我「米朝師匠に伺いましたが、四代目文團治は、扇子で見台の裏を叩いてたそうで」
松朝「二代目春團治と一緒で、コツコツ叩く。本題へ入ったら止めるけど、噺の邪魔になると思う時があった」
文我「米朝師匠が、『二代目は舞台へ出ると、しゃがんで、お辞儀をした』と仰いました。戎橋松竹は、火鉢を出したそうで」
松朝「鉄瓶を載せた、車の付いた火鉢。ミナミの花月は、出囃子が鳴って、お茶子が出てきて、見台の前の所を、キュッとやると、床から膝隠しが、ピョイと出てくる」
文我「膝隠しは、備え付けですか？」
松朝「お茶子が車の付いた火鉢を押してきて、見台へ載せた座布団を敷いて、見台を置く。一番終いに膝隠しを出して、落語が終わったら、一遍に片付ける」
文我「他の寄席で、そんな造りになってる所は無かったですか？」
松朝「ミナミの花月だけで、前で電気も点くようになってた。漫才が長引いたら、パッと電気が点く。ほな、演ってる者が、時間が来たと思う。通の人やったら、『時間が、オーバーしてるな。直に、交替や』と、わかったと思うけど、あれは邪魔になると思うた」

文我「演ってる者だけが見えるのは宜しいけど、客席にわかるのは良うない」
松朝「東京の春風亭柳好は、キチンとした芸。出囃子の『梅は咲いたか』で出てきて、お辞儀も長い目にしてた」
文我「五代目笑福亭松鶴のお辞儀は、如何ですか？」
松朝「スッと出てきて、見台の前へ座るだけで、深いお辞儀やなかった。わしが初めて戎橋松竹へ出て、落語を演らせてもろた時、出囃子が鳴っても、どの辺りで出たらええかわからん。どこで聞いたか、弟が来て、前から三番目か四番目へ座ってた。舞台へ出て行くキッカケがわからなんだら、五代目の嫁のお鯉さんが三味線を弾きながら、『早う、出なはれ！』。慌てて、舞台へ出て、座布団へ座った。家へ帰って、弟に聞いたら、『中々、出てこんさかい、恥ずかしゅうて、よう出てこんのかと思うた』。舞台へ出たら、五代目が楽屋から出てきて、一番前の客席の横で、しゃがんで聞いてくれはって。そのことを後で言うたら、『あんな所まで、よう見えたな』と仰ったけど、兵隊へ行ってた時、人前で演ってたさかい、舞台度胸は付いてた。唯、出囃子の、どこで出てええやらわからん」
文我「メクリも、笑福亭松朝になってましたか？」
松朝「弟子やさかい、メクリはあった」
文我「戎橋松竹は、何遍ぐらい出ましたか？」

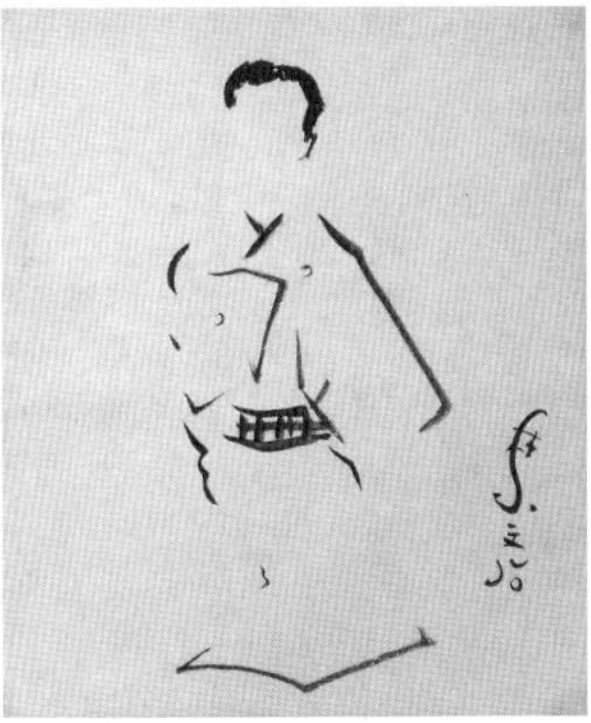

初代桂小文治のサイン

三代目春風亭柳好のサイン

松朝「昼から落語新人会というのがあって、そこへ何遍も出してもろて。本興行へ出る者も出てたけど、看板の師匠連は出てなかったし、米朝さんも居らなんだ。六代目松鶴と、長谷川多持の小文枝は出てた」

文我「本興行の看板の師匠連は、誰方でしたか？」

松朝「四代目文團治、立花家花橘、五代目松鶴。それから、四代目文枝が浄瑠璃の入る噺を演ってた。初めは落語やけど、後は義太夫になる」

文我「文の家かしくは、如何でしたか？」

松朝「京都の連中は、時々、出てた」

文我「他に、東京の師匠連は？」

松朝「初代桂小文治、八代目桂文楽、六代目春風亭柳橋、三代目春風亭柳好、八代目桂文治、二代目桂枝太郎」

文我「四代目圓馬になった、三遊亭小圓馬は？」

松朝「落語を演って、必ず、踊ってた。戦前、踊りで良かったのは、初代露の五郎。大きい顔で、エッチな噺が多い。やっぱり、露の五郎の系統かな？　芝居噺は、年季が入ってた。『昆布巻芝居』『蛸芝居』を演った後、必ず、踊って」

文我「神戸の桂春輔は、如何でしたか？」

松朝「あァ、たまに見た。春團治系は、エッチな噺ばっかり。春輔は、高座に出ると、『ほな、演らしてもらいまっさ。私は、連中の演る噺と一寸違いまっさかい、そのつもりで聞いとおくなはれ』と、頭から咬んでくる。噺の筋はあるけど、ガタガタ。あの時分、猥談が多かった。それから、桂談枝。東京は、談に志と書く。大阪は談に枝で、エッチな噺ばっかり。高座も、『今日は、もう演るのが嫌ですわ。布団でも敷いて、寝まひょか？　一人で寝るのも何やさかい、誰か横へ付いてもろて。皆さんも、その方が宜しいやろ？　ほな、湯巻も取りまひょか？　アァ――ッ！』。その後、ケッタイな落語を演ってたさかい、桂談枝は覚えてる。ネタの『生貝』も、『いつまでも、どこへ行ってたんや？』『四ツ橋へ、乙姫さんが出てんねん。腹が減ったさかい、飯を食べさせて』という所を入れて。マクラで、エッチな噺を演ってた」

文我「談枝は、どんな顔でしたか？」

松朝「肥えても痩せてもおらんし、男前でもない。背も高うないけど、声は通る。昔は、エッチな噺を演ることが多かった。五代目松鶴でも、エッチなことを入れてたわ。露の五郎が『長屋の花見』で、エッチなことを言うてた時、わしも色気付いてる時分やったさかい、面白いと思うて聞いてた」

文我「三十八連隊に所属してた桂三八は、如何でしたか？」

松朝「頭がツルツルで、そんなに面白うなかった」

文我「五代目松鶴と最後に会うたのは、いつですか？」

松朝「事始めで、歳暮を持って行った時やと思う。お鏡を供えて、松朝様と書いた紙が下がって、囃子方を務めてた中田つるじも、昔は噺家やったさかい、一緒に来てた。五代目と、嫁のお鯉さんが並んで座って、『あァ、よう来てくれはった。松朝はん、此方へお出で』と言うて」

文我「事始めは、何人ぐらい集まりましたか？」

松朝「棚が拵えてあって、小さいお鏡に名札が下がって、お囃子まで入ってるさかい、十人ぐらい。お鯉さんには可愛いがってもろて、寿法寺で、漁仙（※二世曾呂利新左衛門）の供養をした時、座敷へ呼んでもろて、二つ折りの屏風とか、飾ってるのを見せてもろた。お鯉さんは、元は芸

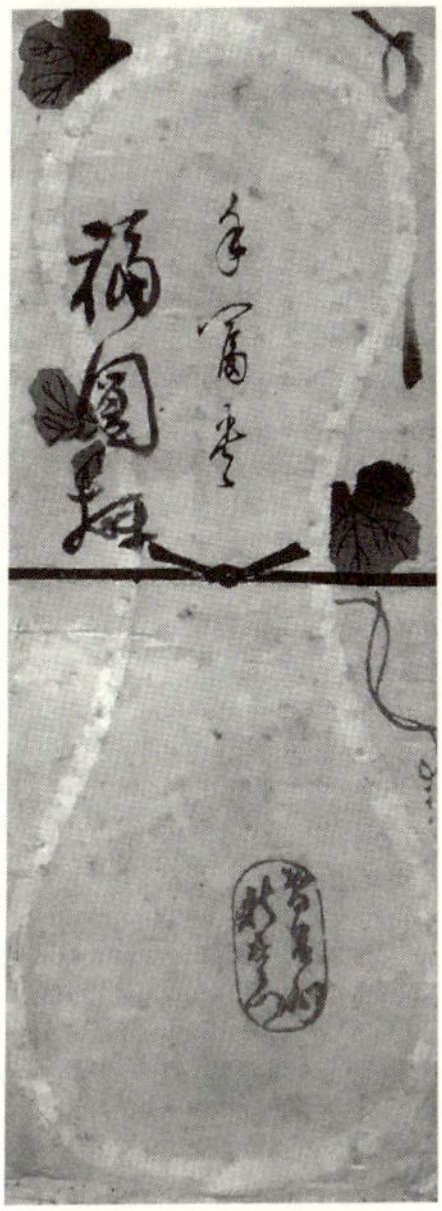
二世曾呂利新左衛門の
手拭いの包み紙

二世曾呂利新左衛門のサイン

妓で、五代目と一緒になってから、下座を務めて」

文我「五代目の家には、曾呂利の品が仰山あったそうです。四代目米團治に最後に会うたのは、いつですか？」

松朝「あの時分、商売が忙しゅうて、覚えてない。米團治師匠の前の奥さんの時、落語を習いに行って。後の奥さんは、細かい所へ気が付く御方。前の奥さんは、眉毛を落として、大人しい御方やった」

文我「四代目米團治は、代書屋をやってましたけど、字を書いてる姿は見てませんか？」

松朝「全然、見てない。落語の稽古は、商売が済んで、五時半か六時ぐらいに行くさかい、代書屋は閉まってる。区役所が閉まったら、代書屋も終い」

文我「稽古の時、どこから入りますか？」

松朝「表看板に、中濱代書事務所と書いてある所の、

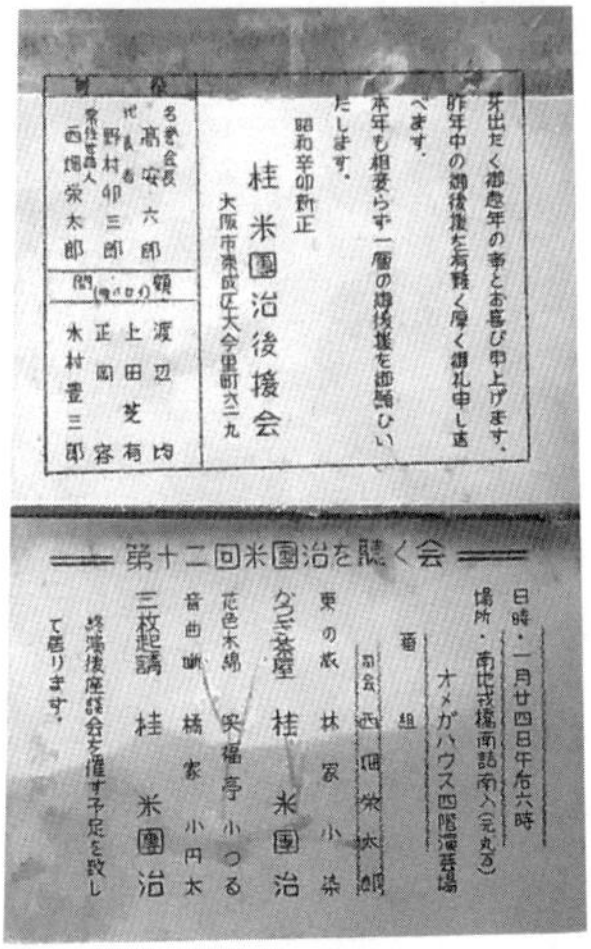
芽出たく御越年の事とお喜び申上げます。
昨年中の御後援を有難く厚く御礼申し述へます。
本年も相変らず一層の御後援を御願ひいたします。
昭和辛卯新正
桂米團治後援会
大阪市東成区大今里町六二九

役員	
名誉会長	高安六郎
代表者	野村卯三郎
常任世話人	西畑栄太郎

顧問（嘱託）
渡辺均
上田芝有
正岡容
木村豊三郎

第十二回米團治を聴く会
日時・一月廿四日午后六時
場所・南地戎橋南詰南入（元丸万）
オメガハウス四階演芸場
番組
開会　西畑栄太郎
東の旅　林家小染
[illegible]　桂米團治
花色木綿　笑福亭小つる
音曲噺　橘家小円太
三枚起請　桂米團治
終演後座談会を催す予定を致して居ります。

四代目桂米團治後援会のハガキ

一番端のガラス戸を、ガラガラガラと開けて入ったら、土間がある。腰掛けがあって、階段があって、『こんばんは』と言うて、二階へ上がると、座敷になってて、奥さんが『直に来ますよって、ゆっくりしとおくれやす』と言うてくれはって。暫くしたら、米團治師匠が出てきはるけど、酔うてて、落語どころやない時もある」

文我「落語より、『一緒に呑もか』となりますわ」

松朝「行った日、稽古をせんと、帰ってきたこともある。稽古の後、花柳さんと呑む段取りになってるさかい、花柳さんが壁に凭《もた》れて、足を出して、座ってはった。米團治師匠が花柳さんに、『今度、お弟子さんになった人や。一遍、聞いたげて』『私らみたいな者、聞かせてもろても宜しいか？』。教えてもろた噺を演ったら、今まで足を伸ばしてた花柳さんが、キチンと正座して聞いてくれはって。米團治師匠が『割方、聞けまっしゃろ？』と言うと、花柳さんが『大分、長いこと演ってはりますのか？』『こないだから、演り始めた所です』『ほゥ、筋が良え方や』と言うてくれはった。遅う行くと、二人共、酔うてる時があって、『よう来てくれはったけど、今日は稽古が出来んさかい、寝かしてもらう』『ほな、明晩、寄せてもらいます』と言うて、帰ったこともある。遅う行ったら、アルコールの量が増えてるさかい、稽古をしてもらえん。大抵、五時半か六時に行くけど、七時になったら、フラフラに出来上がって、稽古どころやない」

文我「米團治師匠は、どんな稽古でしたか？」

松朝「ほんまに、キッチリした稽古やった。陰気やったけど、噺の設定や舞台装置まで、全部を言うて、噺へ入って行く。全部、口移し。一つの噺を三つに切って、教えてくれはる。米團治師匠は、『人の噺は、皆、聞いとくことや。聞いといたら、どこが悪いがわかるし、選択肢がある』という教え方やった」

文我「米團治が創作した『代書』は、何方で聞きましたか？」

松朝「米團治師匠の『代書』も、花柳さんの『豆炭』も、松屋町の松竹座で聞いてる。そこで、米團治師匠が中国落語を演ったことがあって、中国のストーリーを落語にした物。『西遊記』とは違うて、題も忘れてしもた」

文我「『三国志』『水滸伝』とも違いますか？」

松朝「そんな噺やのうて、米團治師匠が『代書』と前後して作った落語。あの時分、新作落語を作る会があって、米團治・花柳・染三が、若手三羽烏と言われてた」

文我「若手と言うても、良え年で」
松朝「周りが年寄りばっかりやさかい、一応、若手三羽烏」
文我「それは、いつ頃ですか？」
松朝「『上方はなし』へ載る前ぐらいや」
文我「『上方はなし』は、昭和十一年から刊行されてます」
松朝「米團治師匠の中国落語は、題が三つあった。いつも、染三が『槍さび』を踊って。千橘も『元犬』のような短い噺の後、踊ってたわ」
文我「米團治の『代書』は、『上方はなし』に載ってる通りですか？」
松朝「確かに、あの通り。米團治師匠が亡くなった後、一番忠実に演ってたのは、米朝さんや。よう覚えといてくれたと、いつも思う」
文我「米團治が見台の前で、前屈みで演ってる写真があります」
松朝「あれぐらいしか、高座写真は無いと思う」
文我「気難しい、突っ込みをしてるような顔です」
松朝「代書屋やったら、怖い顔でも良えけど、何方かと言うたら、噺家より講釈師の方が良えように思うた。唯、ジックリ聞くと、やっぱり上手や。笑いは少ないけど、人情落語という感じで聞ける。何でも、要らんことまで言うてはった。噺を教えてもらう時でも、『今から教える噺は、こんな風に演ったらあかん。こういう風に演ると、この噺は生きてくる』。そんなことより、早う噺を教えてほしいし、時間が無いさかい、早う帰りたいと思うてるのに、『こんなことを、お腹に入れて、演らなあかん。ここは早間に演らんと、時間を掛けて、お客の呼吸を聞いて、声を張ったら、ちゃんと聞いてくれる』。一席の噺を習うのに、講釈が多かった。お酒が入ってるさかい、余計、長うなる。米團治師匠は酔うて、気分が良えかも知れんけど、此方は難儀や。『わかりました』と言いたいけど、そんな訳に行かん。『これは覚えといて、損は無いで』という、こんな教え方やった」

文我「『これは覚えといて、損は無いで』というのは、米朝師匠も言うてはりました。米團治の口癖が、米朝師匠に移ってたようで」

初代桂小南落語全集

松朝「米朝さんが、米團治師匠の言う通りに演ってたら、もっと陰気な芸になってたと思う。米朝さんは、米團治師匠が亡くなった後、京都の師匠連から習うてた。『三年酒』の内容を聞かれたことがあって、丁度、初代桂小南が出した速記本を持ってたさかい、その本を貸したら、独自の工夫を加えて、『三年酒』を演って。『天狗

初代桂小南落語全集に載る『三年酒』

さし』『愛宕山』も、文の家かしくさんから習うたと思う」

文我「米團治の『代書』は、流石、代書屋をしてるという筆遣いでしたか？」

松朝「それは、上手やった。やっぱり、実際に近い。三代目春團治は、罫紙を一寸ズラす時、シュッと踊りのような手をするけど、あんな代書屋は居らんと思う」

文我「米團治の『代書』で、罫紙をズラすことは？」

松朝「直ぐ、罫紙に書き出すだけ。三代目みたいに書く代書屋も居るかも知れんけど、あんな丁寧に書く人ばっかりやったら、書道の先生になった方が良えと思う」

文我「これは面白い意見で、『三十石』の船唄を綺麗に唄う方が良えか、荒く唄う方が良えかに通じることです」

松朝「綺麗に演ることも良えけど、リアルやないことにもなる。形式的には良えけど、本式の三十石の船唄や、所作は合わん。唯、綺麗に演る方が、恰好は良え」

文我「『落語の所作を、綺麗に演ってほしい』という方や、春團治ファンは、春團治流の演り方が良えけど、『ほんまの代書屋は、あんな書き方はせん』と思う人は、首を傾げる。後は、見る方の好みということで」

松朝「要らん理屈を言うと思われるかも知れんけど、これは肝心やと思う。どんな噺でも、細こう分析したら、欠点がある。欠点が多いか少ないかで、ネタの評価が違うてくると思う」

戦前の演芸見聞録　2

文我「ところで、橘ノ圓天坊は聞いたことがありますか?」

松朝「圓天坊は知らんけど、立花(橘)家圓坊は聞いたことがある。京町堀にあった寄席で、その時に出てたのが、金原亭馬生。東京の馬生と、大阪の馬生が居って、黒馬生・赤馬生と言うてた。わしが見た馬生は、立ち高座で『粗忽長屋』を演ってたわ。その時、立花(橘)家圓坊が出て、『島巡り』を演ったけど、今の演り方と違う。本を仰山持ってる人が、日向《ひなた》で本の虫干しをしてる。『珍しい本ですけど、何です?』『島巡りの本や』『お腹に、大きい穴が空いてまっせ』という所から、ネタが進む。今の『島巡り』と入り方が違うさかい、未だに覚えてる」

立花(橘)家圓坊の手拭いの包み紙

文我「『地獄八景』は、如何でしたか?」

松朝「東京落語の『地獄巡り』は、つまらん噺と思うたけど、上方落語で『地獄八景』を聞いたら、スケールは大きいし、面白いと

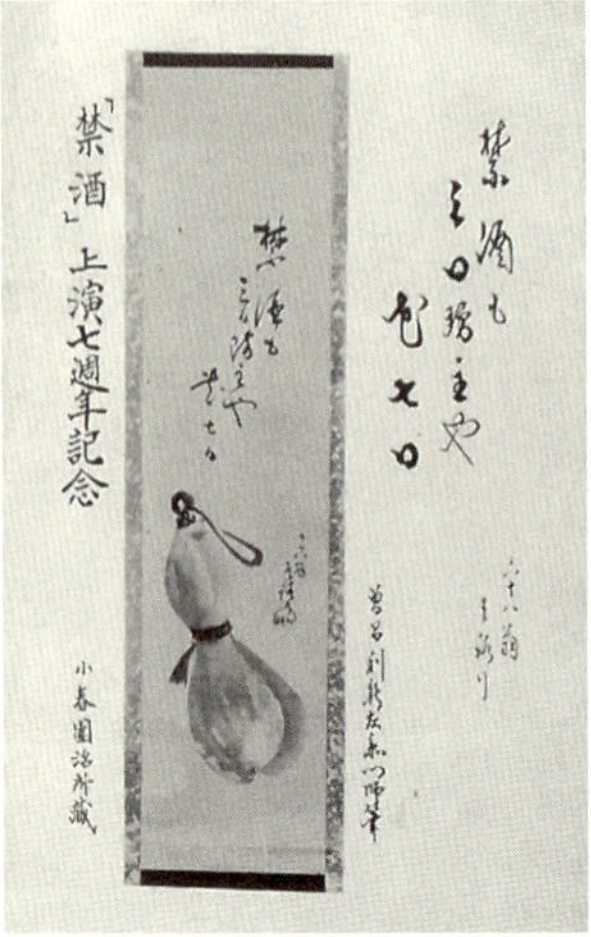

初代桂小春團治のハガキ

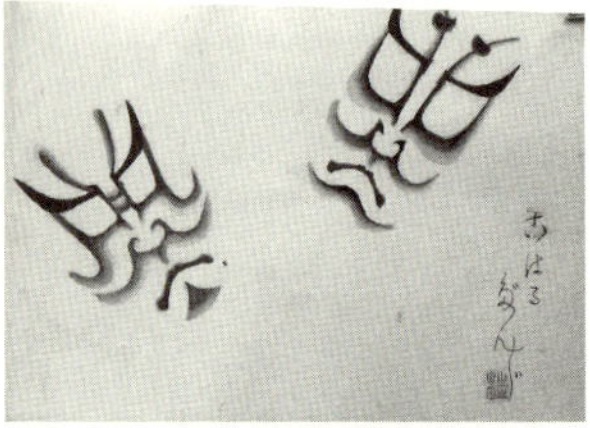

初代桂小春團治のサイン

思うた。上方落語の『地獄八景』は、お囃子が仰山入るし、賑やかで、好きや」

文我「五代目松鶴の『地獄八景』は、聞いたことがありますか？」

松朝「いや、知らん」

文我「文紅師匠が、初代小春團治（※後の、花柳芳兵衛）の『地獄八景』を聞いたそうです。文の家かしくの演り方とは、かなり違うたようで、『目の前で演ってくれはっただけで、メモして無かった。ほんまに、惜しいことをしたわ』と仰いました。それから、花柳の『豆炭』。豆炭に惚れるという噺を聞いて、どんな感じでしたか？」

松朝「あの時分、豆炭を使うことが多かった。本物の豆炭は火力が強かったし、機械へ入れたら、青い火が出て、温い」

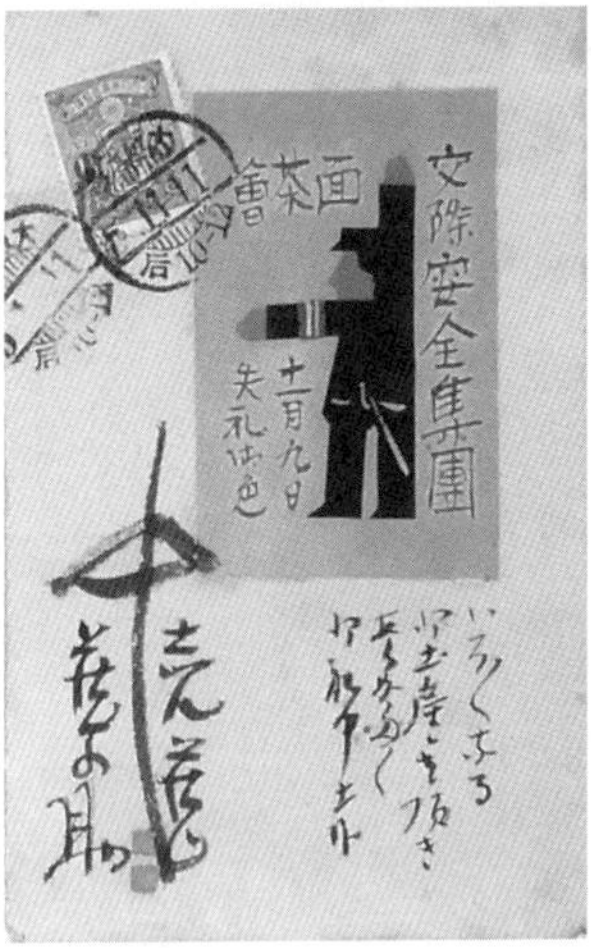

三遊亭志ん蔵・橘家蔵之助の
サイン入りハガキ

三遊亭志ん蔵のハガキ

文我「しかし、そんな阿呆なと思うようなネタです」

松朝「『代書』と一緒に出来たネタやさかい、あかんと思うた。『代書』は、よう出来た噺やと思うけど、『豆炭』は対照的。米團治師匠の中国落語が『上方はなし』に載ってないのが残念で、米朝さんも知らなんだ。書いた物も残ってないけど、『何とか燈記』という題やった」

文我「ひょっとしたら、『牡丹燈記』ですか？」

松朝「『牡丹燈記』やのうて、『何とか燈記』。米團治師匠の米之助時代、花柳、染三と、新作落語を作ってた」

文我「染三は、どんなネタを拵えましたか？」

松朝「あの人のネタはスカみたいで、『鷺とり』みたいなネタやったと思う」

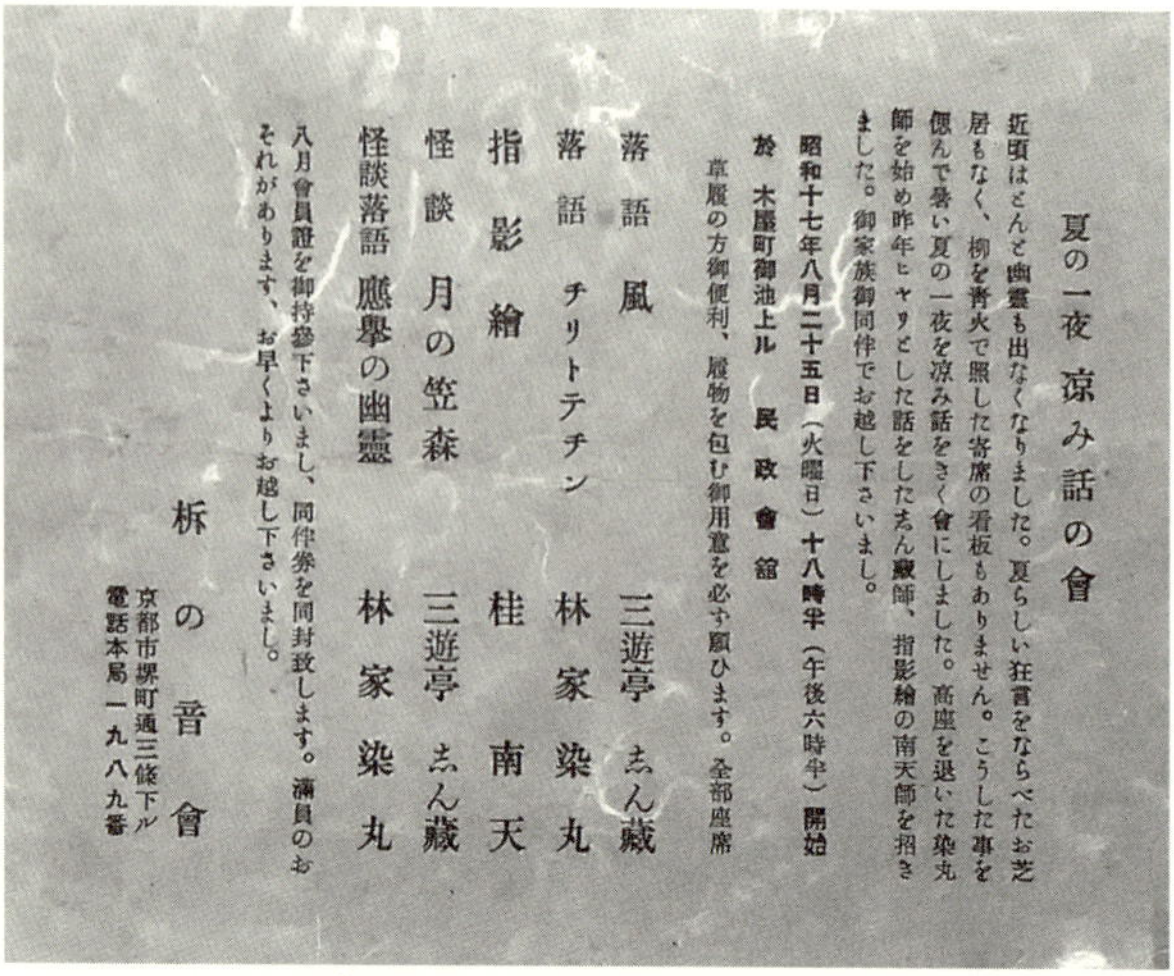
夏の一夜 涼み話の會

近頃はとんと幽霊も出なくなりました。夏らしい狂言をならべたお芝居もなく、柳を青火で照した寄席の看板もありません。こうした事を偲んで暑い夏の一夜を涼み話をきく會にしました。高座を退いた染丸師を始め昨年ヒヤリとした話をした志ん藏師、指影繪の南天師を招きました。御家族御同伴でお越し下さいまし。

昭和十七年八月二十五日（火曜日）十八時半（午後六時半）開始
於 木屋町御池上ル 民政會舘
草履の方御便利、履物を包む御用意を必ず願ひます。全部座席

落語 風 三遊亭志ん藏
落語 チリトテチン 林家染丸
指影繪 桂南天
怪談 月の笠森 三遊亭志ん藏
怪談落語 應擧の幽霊 林家染丸

八月會員證を御持參下さいまし、同伴券を同封致します。滿員のおそれがあります、お早くよりお越し下さいまし。

柝の音會
京都市堺町通三條下ル
電話本局一九八九番

三遊亭志ん蔵出演の会のチラシ

文我「三遊亭志ん蔵は、如何でしたか？」
松朝「怪談噺の志ん蔵は、見たことが無い。怪談噺が評判で、足の所へコマを付けて、キュッと廻れるようにした人で、松屋町の安堂寺町を入った、ウチの近所に住んではった。わしが勉強家やったら、家へ行って、色々見せてもらえたのに、残念や。怪談噺の鬘《かつら》は、米朝さんが預かったはずで、紙の人形も上手に拵えた」
文我「桂南天は、如何ですか？」
松朝「二ツ井戸の清文堂という出版社へ、出入りしてた。米朝さんを介して、南天さんと話をした時、『名刺が要りまっしゃろ。ほな、拵えたげます』『この年やさかい、名刺を持ったかて、配る所がおまへん』『芸人さんやさかい、お客さんに会うたら、名刺の一

枚も出した方が宜しいわ。わしが拵えまっさかい、住所と原稿を書いとおくなはれ』『お言葉に甘えて、作らしてもらいます』。それで、面白い名刺を拵えた。『桂南天。古い頭、住所おまへん』」
文我「桂右之助は、如何でしたか？」
松朝「全く、知らん。桂文蝶さんに昔の囃子の話を聞きたかったけど、機会が無うて」
文我「角座のお囃子で、三升紋三郎が居りました」
松朝「いや、会うたことが無い」
文我「林家とみは、如何でしたか？」
松朝「粉浜に自宅があって、亭主の二代目染丸が生きてる時分、何の用事か忘れたけど、家へ行ったことがある。おとみさんは、物の言いにくい、難しい人やった。五代目の嫁のお鯉さんみたいに、ざっくばらんな人と違うたのは、二代目染丸の奥さんやし、後に人間国宝になる人やさかい、当然やったかも知れん。年は取っても、姿勢が良かった。若い者は、ピリピリしてたわ」

作家・永瀧五郎

松朝「落語作家の永瀧五郎さんと、軍隊で一緒になった」

文我「あァ、『除夜の雪』の作者」

松朝「戦地の朝鮮で一緒になって、『あんた、大阪か？ わしも、大阪や』と言うて。『そうであります！』と言うてる軍隊で、『今日は、良え天気でんな』と言うてたら、上官が聞いてて、『誰だ？ 地方語を、しゃべってるのは！』。永瀧さんが『ウチは市岡で、音明寺の息子や。ウチの檀家に、桂ざこばが居る。お墓があって、近所に住んでて、お参りに行ってた』『あァ、そうでっか。あんたとは、〔そうであります！〕と言わんと、大阪弁でしゃべろな』と言うて、心安うなって。永瀧さんも落語や漫才が好きで、演芸隊へ一緒に入った」

初代桂ざこばのサイン

文我「永瀧氏は、何を演ってましたか？」

松朝「軍隊で相方を見つけて、漫才を演ってた。『戦争へ行って、弾丸が飛んできても、痛うない方法を教えたろか』『どないしまんねん？』『ネクタイを、逆様に結ぶ』『ネクタイを、逆様？』『あァ、イタクネ（※痛くねえ）』『阿呆か！』」

文我「今でも、面白いかも知れません」

松朝「そんなことを演ってる内、招集解除になって、永瀧さんは別の所へ行った。日本へ帰って、昼間、近所の金時湯へ行ったら、誰か入ってる。フッと見たら、永瀧さんや。『こんな所で会うとはな』『ウチの寺は戦争で焼けて、親父も死んだ。空堀三丁目の長久寺が同じ宗旨やさかい、そこへ間借りさせてもろてる。一遍、遊びに来て』『必ず、行く。ウチも来たらええわ』『こんな所で出会うとは、ほんまに裸の付き合いや』。後日、長久寺へ行って、和尚さんも心安うなった。永瀧さんはお洒落で、わしが普通の眼鏡を掛けてたら、『その眼鏡は古臭いよって、替えた方が良え』。永瀧さんは、ロイドみたいな眼鏡を掛けて」

文我「ロイド眼鏡も、わからんようになりました」

松朝「青い鞄の中から、ティッシュペーパーを出して、手を拭いたり。軍隊へ入る前、司法試験に通ってた。軍隊で初年兵やなしに、特別に幹部候補生の一階級上の試験を受けるように勧められて。『どないしょうか、考えてんねん』『兵隊で一生暮らして、給料をもらうのやったら別やけど、試験まで受けることは無い。早う帰って、家の手伝いをする方が良え』『ほな、止めるわ』と言うて、試験を受けるのを止めた。日本へ帰って、大阪の税務署の検査を通って、税務職員なった後、作家の会が出来て、藤本義一さんに可愛がってもろて。永瀧さんが亡くなった時、葬式も来はった。『落語の原稿を書いたよって、噺家の誰かに演ってもらい

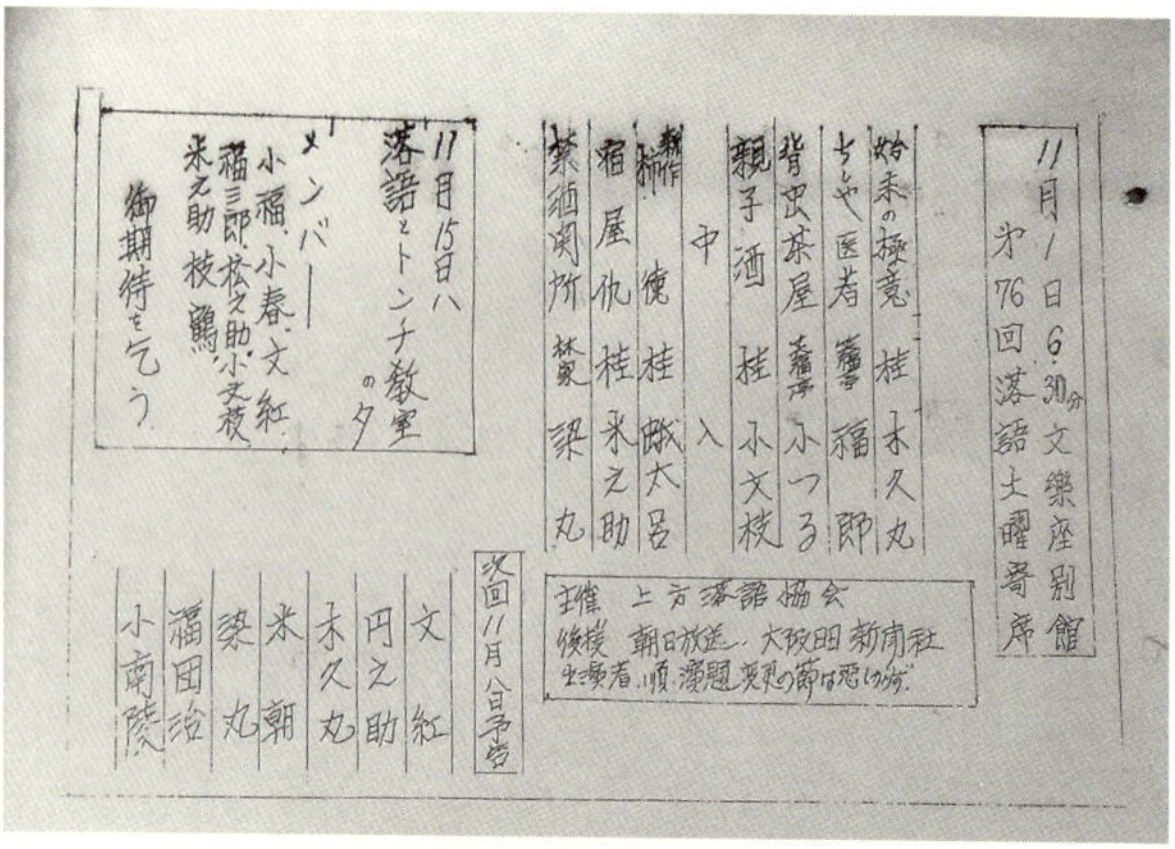

『柿徳』が載るチラシ

たい』と言うさかい、わしが推薦書を書いて、先代文我さんへ持って行って。エロ掛かった植木屋の噺で、植木屋が木の上に居って、下で女子衆が『おやつを持ってきました』と言うて、上を見たら、褌が下がって、中が見えてる。『あァ！』と言うようなエッチな噺で、題が『柿徳』やったと思う。後々、永瀧さんと文我さんが行き来するようになって。『もっと、いろんな人に渡してくれんか』と言うさかい、六代目松鶴に『うどピスト』という台本を渡したら、『あァ、結構ですな。ほな、演らしてもらいます』と言うて、引き受けてくれたわ。三代目染丸にも、『頓珍院』という噺を持って行った。古今亭今輔の『お婆さん衆』という本にも、一席載ってる」

文我 「三代目三遊亭円歌師匠の『浪曲社長』も、永瀧五郎作です」

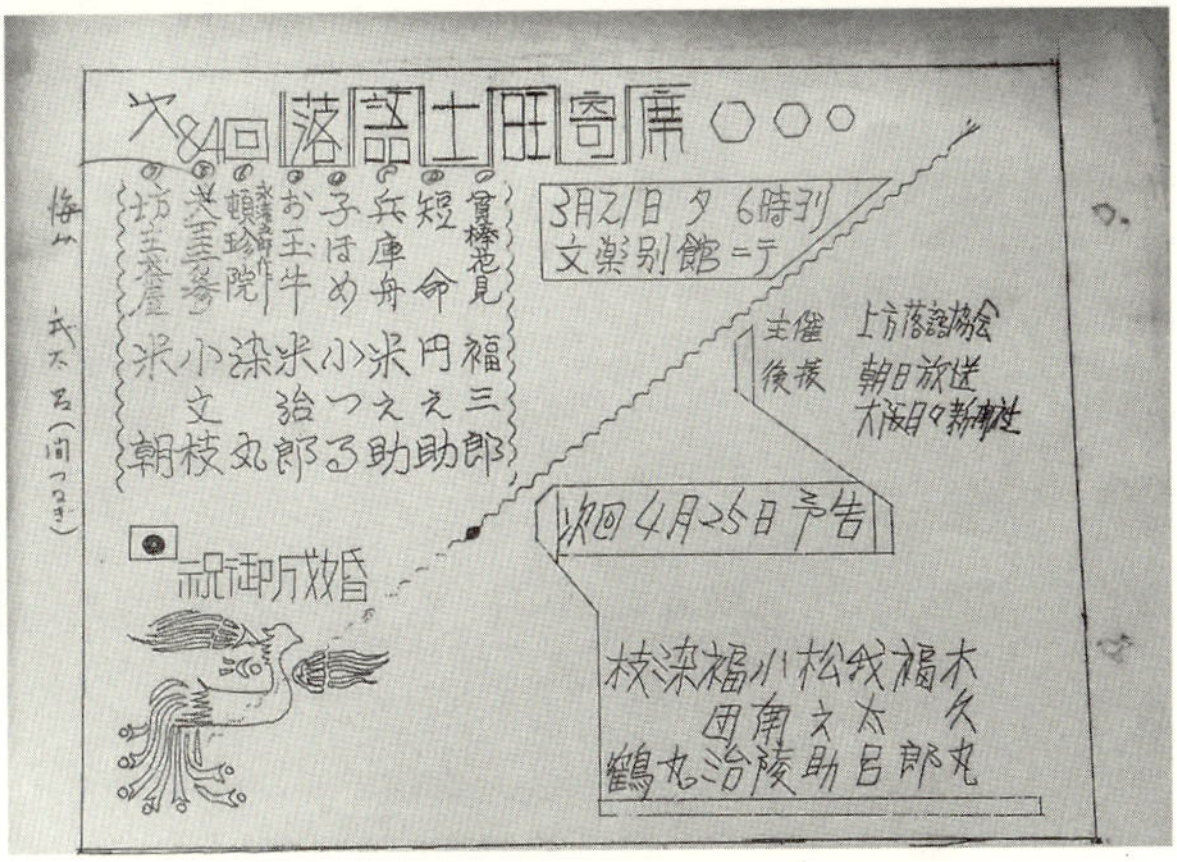

『頓珍院』が載るチラシ

松朝「円歌さんは、『浪曲社長』『頓珍院』を持って行った」

文我「当時、文楽座の落語土曜寄席という会があって、そこで仰山演ってます」

松朝「軍隊の時、永瀧さんは人情噺とも、講釈とも言えんような噺を演ってた。『ここにございました、大工の嫁さん。フとした間違いで、夫婦喧嘩をして、チョンナで、口を削られてしもた。旦那は逃げて、一人で住んでる。私は寺に居ったさかい、お参りに行ったけど、蝋燭の灯りで、スッと立たれたら、恐ろしゅうて、居られなんだ』という噺。招集解除で途切れてしもたけど、金時湯で会うた時、『軍隊で聞いた、口をチョンナで削られた、大工の嫁はんの噺は怖かった。あの後、どうなる？』『そんな噺、演ったか？　いや、知らん』『無責任なことを言わんと、あの続きが聞きたい』『それは作り話で、脅し半分で演っただけや』と言うて」

文我「永瀧氏は『除夜の雪』の作者だけに、永遠に名前の残る作家ですが、『除夜の雪』の元の台本は長過ぎたそうで、米朝師匠が纏め直したそうです」

松朝「原稿が出来ると、わしの所へ持ってきて、『誰か、演って』と頼まれた」

文我「ウチにも、古本屋で買うた『ついで参り』という原稿があります」

松朝「お寺のネタが多かったさかい、自分の体験談を落語にした。奥さんは、おしとやかな御方。永瀧さんは肥えてて、背は高いし、恰幅が良え。生きてたら、趣味が合うさかい、面白い付き合いをしたと思う」

浪曲と夏場の寄席

松朝「花月で浪曲を演ることは、少なかったと思う。鼈甲斎虎丸《べっこうさいとらまる》と東家楽燕《あずまやらくえん》ぐらいしか出てなかって、その後、篠田実が出た。篠田実の『紺屋高尾』は、映画・芝居・歌にもなったぐらい、人気があったさかい、花月も出したと思う。浪曲の小屋は、國光も愛進館もあるさかい、花月へ出なんだかも知れん。篠田実を出したことは、余程やと思う。漫談や講談は、いろんな人が出てた。講談は、伯山、伯龍、ろ山とか、仰山出てたのに、浪曲は出ることが少ない。松竹演芸と吉本が芸人の引き抜きをやった時、松竹が引き抜いたのは、あきれたボーイズ。物凄い人気やったさかい、松竹は新興演芸として、川田義雄の他を引き抜いて、川田義雄は川田晴久という名前に替えて、映画へ出てた山茶花究を入れた。吉本の花菱アチャコが中耳炎になって、横山エンタツとコンビを解消して、千歳家今男と組んだ」

文我「後々、映画やラジオでは、横山エンタツ・花菱アチャコで『早慶戦』を演ってました」

松朝「南陽館時代から見てるさかい、昔と比べると、年を取ったと思うた。花菱アチャコは、浪花千栄子と『青春手帖』のような、ラジオドラマを演ってたわ」

文我「『お父さんはお人好し』とか、人気があったそうですね。吉本から新興演芸へ芸人を引き抜く時、水面下で動いたのが、俳優の伴淳三郎らしいです。皆、新興演芸へ移った時、花菱

横山エンタツ・花菱アチャコのサイン

アチャコだけは動かなんだそうで」
松朝「やっぱり、義理がある。あれだけ贔屓になってたら、他へ行けん。義理があっても、行く者は居るけど、花菱アチャコは偉い！」
文我「ケチやったそうですけど、動かん所は動かん。ところで、篠田実の『紺屋高尾』」
松朝「全盛期、生で聞いてる。（節になって）遊女は客に惚れたと言い、客は来もせで、また来ると言う。嘘と嘘との色里で、恥も構わず、身分まで、よう打ち明けてくんなました。卑しい稼業はしていても、わしもやっぱり、人の子じゃ。情けに、変わりはあるものか。愛という字は、墨で書く。その夜は休む、明けの朝。嗽《うがい》・手水《ちょうず》に身を清め、『主。一服、点けなんし。わちきは、来年三月十五日、年明け候故、主の許へ参りんすほどに』」
文我「篠田実の節は、風呂でも唸り易い」
松朝「その後、清蔵が喜んで帰ると、『三月十五日、嫁に来

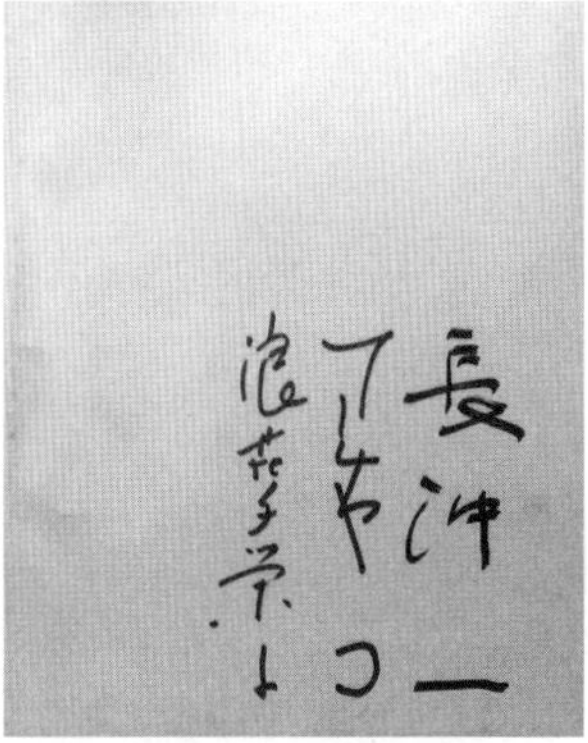

花菱アチャコ・浪花千栄子・
長沖一のサイン

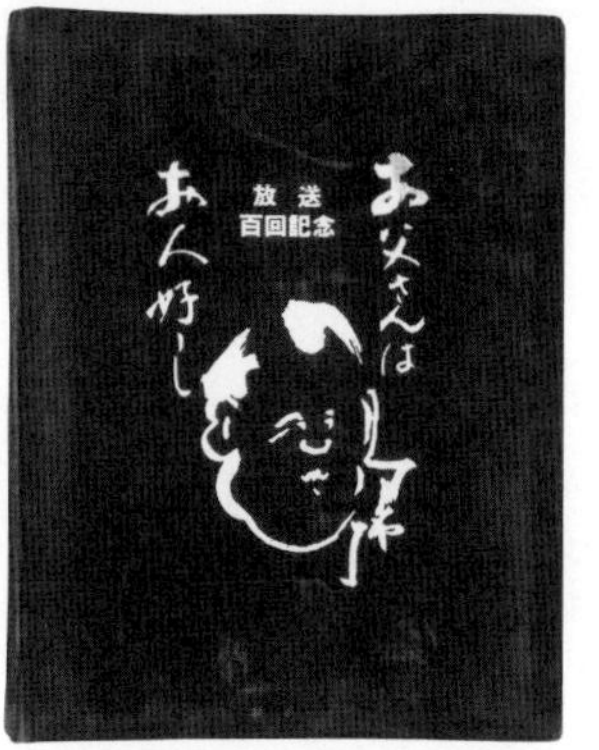

NHK ラジオドラマ
「お父さんはお人好し」
百回記念アルバム

ます』と言うて、契りの金を見せたら、親方もビックリした。それからは『清蔵』と言わんと、『三月十五日』と呼ぶようになって。正月を越えて、三月十五日になって、紺屋の六兵衛の店の前へ駕籠が着いて、中から出てきたのが、高尾。昨日まで極彩色やったけど、今日は墨絵。眉を落として、歯を染めて、『丁稚はん。清さん、居なんすか?』。丁稚はビックリして、『親方、三月十五日が来ました』『お前は、何を言うてる』『表に、高尾が来てます』『清蔵に言うてやれ』。清蔵が表へ飛び出したら、『清はん、元気?』。最終的に、紺屋の六兵衛が隠居して、清蔵が後を継いで、子どもが三人も出来たらしい。高尾は十五代と言うて、初代は仙台高尾で、船の上で逆さ釣りになって、殿様に斬られた。三代目の紺屋高尾だけが、幸せやったと聞いてる」

文我「江戸時代、『紺屋高尾』は『油屋与兵衛』の題で、

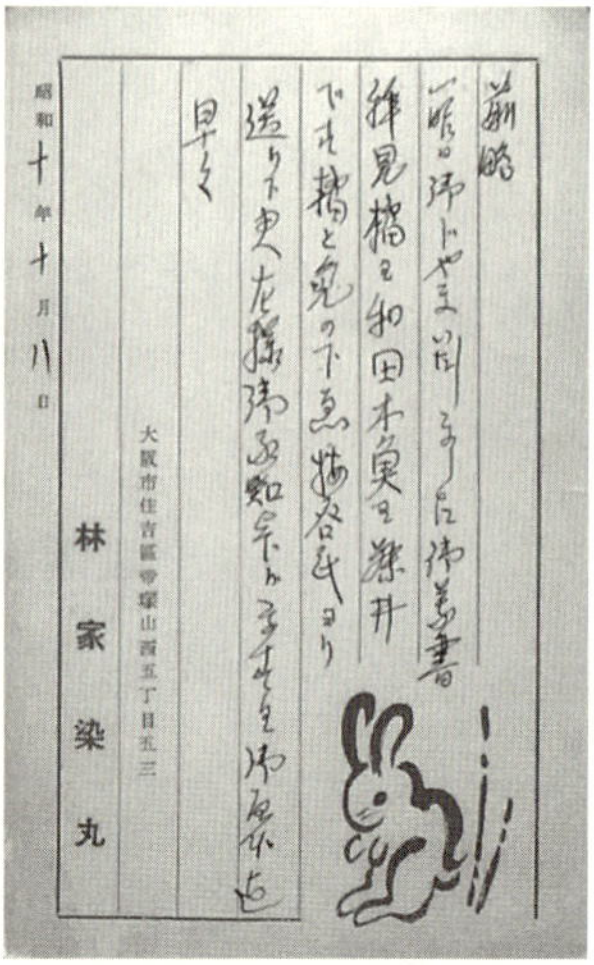

二代目林家染丸のハガキ

二代目林家染丸の手拭いの包み紙

落語で演ってたそうです」
松朝「昔のことを、もっと米團治師匠に聞いといたらよかった」
文我「話は落語に戻りますけど、笑福亭福圓や、笑福亭福團治は聞いてますか？」
松朝「いや、聞いたことは無い」
文我「先代の桂ざこばは、如何ですか？」
松朝「一寸だけ、見た。永瀧さんのお寺の檀家で、永瀧さんが『「坊ン、落語を教えたろか？」と言われた時、教えてもろたらよかった』と言うて」
文我「二代目林家染丸は、如何でしたか？」
松朝「『住吉駕籠』を、よう演ってた」
文我「『鶴満寺』は、如何でしたか？」
松朝「このネタは、毛虫の三代目米團治が良かった」

文我「初代春團治は、如何ですか？」

松朝「ネタは忘れたけど、子ども時分、一遍だけ見た。母親は、しょっちゅう見てたさかい、『あんたに、もっと見せてやりたかったな。前は、踊ってたわ』と言うて。『向こう横町のお稲荷さん』の『ステテコ』なんかを踊って、舞台の上の鴨居《かもい》へ手を掛けて、ブラ下がって、ドォーンと落ちて、尻餅をつく。昔の舞台の鴨居は低かったさかい、そんなことが出来た」

文我「その時分、夏の寄席は冷房が無いだけに、かなり暑かったと思います」

松朝「暑い、暑い！　窓を開けて、床の間へ墨絵を掛けて、扇風機の羽根が回ってる」

文我「暑い風を、掻き混ぜてるだけです」

松朝「今みたいに冷房は無いし、お客の熱気もあるさかい、庭へ水を打ったり、簾《すだれ》を吊ったりして。夏場は怪談噺で涼しいしょうと思うけど、涼しゅうならん。唯、今と違うて、晩に怪談噺を演ったら、気色悪かった。松屋町の正寿館は、二階へ上がって、下足は自分で新聞紙で包んで、前へ置くような寄席。二階へ上がったら、後ろの電気は消して、座布団が積んであるさかい、怪談噺を演っても、ヒュ――ッと後ろから出てくるような感じで、怖い、怖い！

今みたいに電気が点いてたら、何を演ったかて、一寸も怖うないけど、あの寄席は座布団の間から出てくるみたいやった。寄席が終わったら、下駄を履いて、松屋町筋を帰るけど、電気が点いてない。昔は、怪談を見て帰る怖さが効いてたと思う。今、同じことを演ったかて、子どもの余興みたいや」
文我「怪談噺の楽しみは、家へ帰るまでの怖さと思います」
松朝「五時になったら、表で街灯がパッと点くさかい、子どもに『電気が点いたら、帰ってきなはれ』と、親が言うてた。医者や食べ物屋だけ、赤いランプが点いてる。今やったら、看板が仰山出てるよって、どこがどこやわからんけど、昔は遠くから見ても、此方が医者で、彼方が骨接ぎ屋と、一目でわかって」
文我「私が生まれ育った村では、日が暮れるのが、子どもの帰り時間でした。夏場は日が長いだけ、長う遊べた訳で」
松朝「夏場、橋の上へ行くと、ヤンマや、赤トンボが仰山飛んでる。雄と雌が繋がって飛んでるのを、鳥黐《とりもち》で捕って、指の間へ挟む。蝙蝠《こうもり》も、仰山飛んでた」
文我「捕ったトンボは、どうしますか？」
松朝「羽根を指の間に挟んで、人に見せる。標本にするような、奇特な人は居らん。珍しいトンボは、人と交換するだけで、後は放してしまう。好きな人は、コレクションしてたわ。トンボ捕りは、小学校五年生ぐらいまでやった」
文我「子どもが紐を輪にした中へ入って、夜の町内を歩く『遠国《おんごく》』は、やってませんか？」
松朝「『遠国』も、やってた。それから、かくれんぼ。女の子が『後ろの正面、だァれ？』と言うて廻って、『中の中の、こぼんさん。何で、背が低いの』と言うて、座った者を当てる。そんな遊びばっかりしてた時分に比べると、今の子どもは幸せや」

文我「唯、昔の方が楽しかったでしょう。今は、子どもが機械に遊ばれてますから」

古本と写真

文我「若い時分、古本屋は、行きませんでしたか?」

松朝「天満の古本屋で、講談社の落語全集の上・中・下を買うた時、鬼の首を取ったみたいに、嬉しかった。その後、評判落語全集が出て、これも買いたいと思うたけど、どこにも無い。その時分、天満駅前に、古本屋が一寸あった。日本橋辺りへ行ったら仰山あるけど、気が付かなんだ」

文我「当時、幾つでしたか?」

松朝「中学校の一、二年ぐらい」

文我「講談社の落語全集が出たのは、昭和四年と思います」

松朝「それから不徳の致す所で、阿倍野筋の天海堂という大きい古本屋へ、落語全集を売ってしもて。大文館の落語全集や、今日の問題社から出た柳家金語楼の新作落語集や、野村無名庵の本も持ってた。あの時分、写真の趣味に没頭してたさかい、お金が要る。新しいカメラが出たら、『あのレンズが良え』と言うて。その度、親父に『買うてくれ』とは言えん。当時、ライカが流行って、その後、ニコンやキャノン。アサヒ光学から、ペンタックスが出た。写真倶楽部へ入って、毎月、作品を出して、写真学校の先生に来てもろて、採点してもらう。

そんなことをしてる内、落語がお留守になってしもたけど、落語に力を入れてた方が良かったと思う」

文我「その時分、フィルムも現像料も高かったと思います」

松朝「趣味が嵩じたら、現像もするようになって、いよいよ、お金が要るようになって。飽き性やさかい、暫くしたら、写真も飽きて、落語へ戻った。やっぱり、落語は良え。写真を撮っても、キリが無い。落語の本を集め出しても、中々、集まらん。道頓堀の二ツ井戸や、堺筋の日本橋三丁目から恵美須町までの道の両側に、古本屋が並んでた。日が暮れになったら、赤い電気を点けて、カーテンを下ろして。二ツ井戸の清文堂の辺りまで並んでたさかい、古い落語の本を探したけど、中々、無い。値段が高うて、東京落語が多いさかい、上方落語の本が欲しいと思うて、探した。その時分、いろんな本が出て。藁半紙に近いような本で、三遊柳大全、柳家小せん全集」

文我「それは、三芳屋書店が刊行した本でしょう」

松朝「結構、良え値段や。いろんな店を廻ったら、本の程度にもよるけど、値段が違う。日本橋五丁目の古本屋は、本を仰山積み上げて、カーテンを半分だけ引いて、『儲かった日も　代書屋の　同じ顔』みたいなオッさんが、奥に座って。珍しい本は無いかと探して、『豆たぬき』を買うて帰った。一遍、手放した本は、二度と帰ってこん」

文我「それも、戦前の話ですか？」
松朝「あァ、兵隊へ行く前」
文我「その時分、四代目米團治の家へ稽古に行きましたか？」
松朝「『上方はなし』を見て、米團治師匠の家へ行くようになった。古本を集めてた時分、楽語荘が出してる『上方はなし』という雑誌が目に止まって、それから送ってもらうようになって。その中に『落語を習いたい人は、今里の区役所がある前の、代書屋が並んでる中の中濱代書事務所へ』と書いてあったさかい、『一遍、教えてもらおう』と思うて、『ご指導いただけませんか？』と、訪ねて行ったのが始まり」
文我「『上方はなし』は、昭和十五年、四十九冊で終わりました」
松朝「中々、『上方はなし』の第一集が見つからん」
文我「第一集は配り物やっただけに、中々、手に入りませんわ」
松朝「何とか探して、第一集も揃えた。大分後、二冊本の復刻版が出たことで、元版を手放してしもて。あの時分、また、写真に凝って、お金が要る。惜しいことをしたと思うけど、この齢《とし》になって、手元にあっても、仕方が無いと思う」
文我「いつ頃から、酒を呑み出しましたか？」
松朝「酒は、若い時分から呑んでた。深酒はせんけど、中学校を出た時分、親が『呑んでも構わん』と言うさかい、呑み出して」

文我「初めて呑んだ時、どんな感じでしたか？」

松朝「あんまり、美味しゅうなかった。父親と母親が、ミナミやキタの花月へ行った時、近所の料理屋へ行って、お酒や料理を頼んで。わしも良え齢になってたさかい、一緒に呑んだ。親父より、母親の方が酒好きやった」

文我「花月の色物は、どんな芸人が出てましたか？」

松朝「東京へ行ったアダチ龍光、ワンダー正光の奇術。五郎・雪江、静代・文雄の漫才。漫談の花月亭九里丸、ノンキ節の石田一松。東京から柳亭春楽という声色も出てたけど、ほんまに昔式で、『山寺の和尚さんが、鞠《まり》は蹴りたし、鞠は無し。成駒屋を、紙袋に押し込んで』と唄うて、成駒屋の声色で『山寺の和尚さんが！』と言うて。当時、役者も特徴のある人が多かった。柳亭春楽は上手やなかったけど、曾我の家五郎の声色も演る」

文我「『山寺の』を唄うてる間、お客さんは手を叩いてましたか？」

松朝「黙って、見てるだけ。漫談の山野一郎の声色の方が、上手かった。声帯模写という名前を付けたのは、古川ロッパ。井口静波は、漫談と声色を演ってた」

文我「井口静波の漫談は、如何でしたか？」

松朝「井口静波より、アダチ龍光の方が面白かった。チョビ髭を生やして、モーニングを着て、

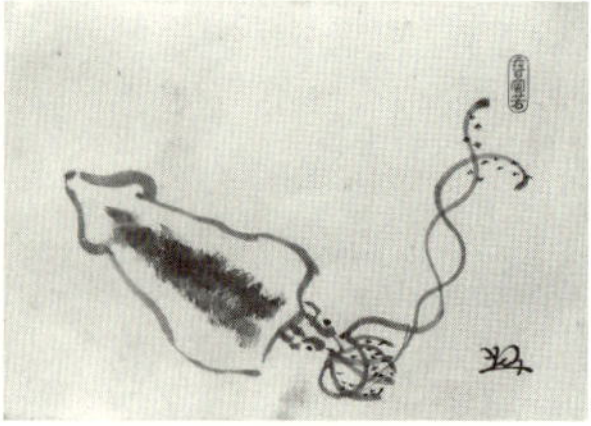
二代目三遊亭圓若のサイン

親しみがあって」
文我「確かに、チャップリンみたいな恰好でした。ワンダー正光は、如何でしたか？」
松朝「あんまり面白のうて、名前だけ覚えてる。音曲の三遊亭圓若は、出番が早い。アダチ龍光は、ズッと後の出番」
文我「松旭斎天勝は、如何でしたか？」
松朝「天勝は、寄席には出ん。歌舞伎座の松旭斎天勝一座で、水芸を演った。大砲を出すようなケレンの奇術で、小さい舞台で演るような手品とは違う。その時分、一本で演ってたのは、松旭斎天勝、水谷八重子の東京新派、曾我の家五郎、新国劇、前進座、松竹家庭劇、志賀廼家淡海」
文我「花月へ、童謡の本居長世が出演したのは見てませんか？」
松朝「いや、知らん」
文我「柳家三亀松は、如何でしたか？」
松朝「母親が好きで、三亀松の時間に合わせて行くさかい、よう見た。ミナミの花月へ出る時は、ミナミの芸者が二階を占拠して、三亀松が済んだら、スッと帰ってしまう。三亀松は、新内の出や。エッチなことも言うさかい、皆が聞きに行ったと思う。実家は、筏乗りや」

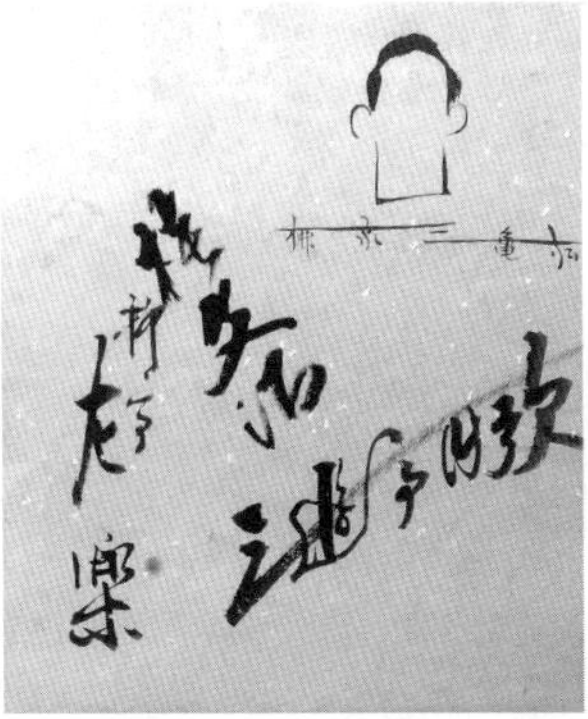
柳家三亀松のサイン

柳家三亀松のチラシ

文我「講談の神田伯龍は、如何でしたか？」
松朝「人情講談で、良かった。子ども時分、小児麻痺で、手をやられてる。片手は釈台の上へ置いたままで、何とも言えん味があった」
文我「もっと、四代目米團治の思い出を聞かせて下さい」
松朝「親切で、学生上がりみたいな人やった。『今度、こんな噺を教えてほしい』と言うたら、スッと教えてくれはる。五代目松鶴師匠やったら、『そんな噺、一寸早い』と言われるけど、米團治師匠は『その人のニンに合う物があるさかい、演るだけ演ってみなはるか。一遍、私が演ってみるわ』。もっと、注文したらよかったと思う」
文我「四代目米團治の怪談噺は、如何でしたか？」
松朝「怪談向きの顔をしてるさかい、『仔猫』なんかも、あの師匠が演ると、怪談らしゅうなる。米之助さ

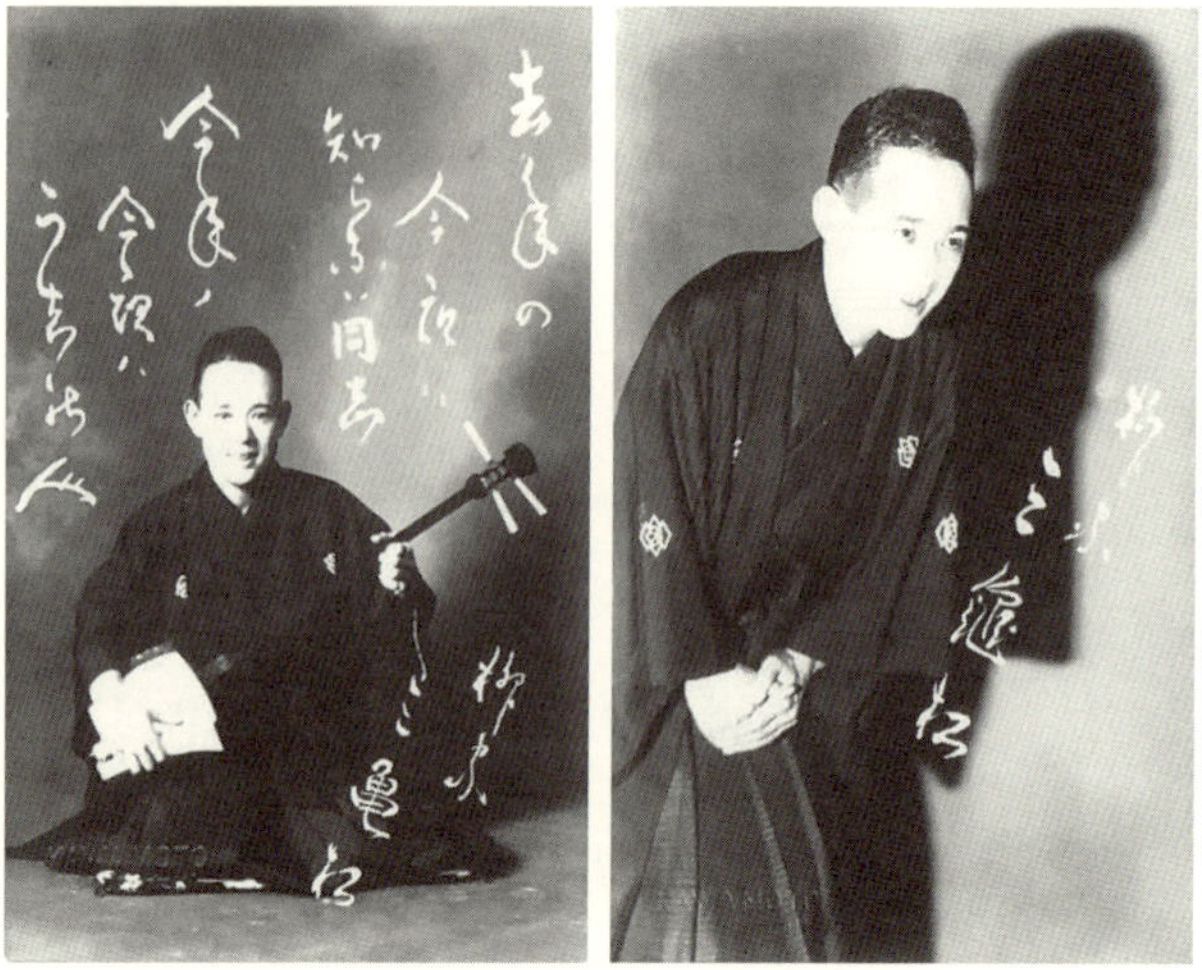

柳家三亀松のハガキ

んが習うてたさかい、よう似てた」

文我「米朝師匠は、あんまり似てませんか？」

松朝「全然、違う。米朝さんは、あんな陰気な演り方やない。米之助さんは、口調も、時間が長い所も、米團治師匠にソックリ」

文我「一つ、わからんことがあって、長谷川多持の小文枝師匠の口調は、どこから来ましたか？」

松朝「『そやないけェ、何やないけェ』と言うのは、河内弁。誰に口調を習うたか知らんし、米朝さんも『あんな口調になるのは、どういうことや？』と言うて。小文枝さんが習うた、花橘、圓都、五代目松鶴も、あんな口調やなかった。三代目春團治も、二代目の口調とは似てない。二代目は、落語の枕の所で、扇子の先で、コツコツと見台を叩いてた」

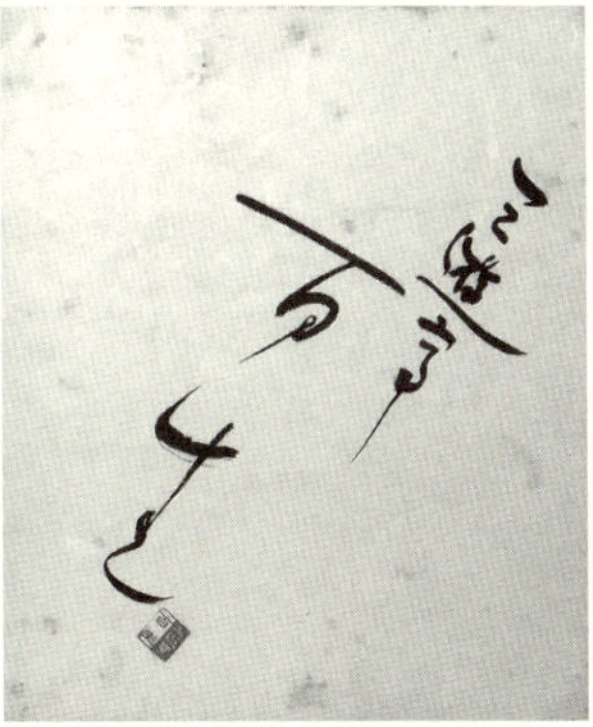

二代目三遊亭百生のサイン

文我「三遊亭百生も、コツコツと叩いてたそうで」
松朝「百生は、初代春團治の弟子になって、梅團治と言うてた。戦後、六代目三遊亭圓生の弟子になって、東京へ行ったけど、もう一寸、大阪に居った方が良かったと思う」
文我「桂菊團治は聞いてませんか？」
松朝「聞いたことはあるけど、何を演ってたか、記憶が無い。正團治は、わしらと新人会で一緒に演ってた」
文我「昔、大阪の噺家も、高座で湯呑みを置いてましたか？」
松朝「大阪の噺家で、しゃべりながら、上手に湯呑みで呑む人を、見たことが無い。東京の六代目三遊亭圓生は見事で、あれも一つの芸やった」

再び、戦地の話

文我「戦地から帰って、笑福亭松朝になった時分の話を聞かせて下さい」

松朝「ウチは着物が仰山あって、夏物の絽《ろ》や紗《しゃ》も揃うてた。一番初めに落語を演りに行ったのは、森小路。広い座敷に高座を拵えて、演らしてもろた」

文我「ネタは、何を演りましたか?」

松朝「『明石名所』と『浮世根問』で、松枝になった永田が『東の旅』を演って。部隊は違うけど、永田も軍隊に行ってたさかい、途中でネタを忘れた時、大きい声で『もとい!』と、軍隊の掛け声で言うた。ワァ——ッと、ウケて。落語や何やらわからんようになったさかい、わしも『明石名所』で間違うたら『もとい!』と言おうと思いながら、演った。『明石名所』は何遍も演ってたさかい、腹へ入ってたし、時間まで演らなあかんよって、しっかり演ろうと思うて」

文我「松枝さんが、『もとい!』と言うてるだけに」

松朝「『もとい!』と言うて、ウケた後は、演りにくい。松枝が『今日は、えらいことをした』と言うたけど、『ウケたさかい、良かったがな。あれは、新企画や』と言うて」

文我「お客さんは、何人ぐらいでしたか?」

松朝「一杯やなかったし、近所の人が来てたように思う」
文我「出演料はありましたか？」
松朝「何にも無うて、御飯だけ。一人前の前座やないさかい、交通費も自前やった」
文我「南方の戦地へ行った時の話を、もっと聞かせて下さい」
松朝「マニラを船で出て、島へ行くのは、危なかった。同じ小学校を出た友達が、先の船へ乗ったけど、爆破されて、死んだ。マニラまでは、良え船へ乗せてくれた。島へ行くのは、ボロボロの船。船を見ただけで、『いよいよ、お陀仏やな』と思うた。四隻ぐらいで船団を組んで、蛇行しながら進む。一寸行ったら、カンカンと鉦を鳴らすけど、気色悪うて、お坊さんがお参りしてるみたいや。周りは真っ暗で、何にも見えん。駆逐艦みたいな船が随いてくれたけど、ボロボロの船は揺れて、皆、酔うし。その内、『魚雷、発見！』。その時、非常時に備えて、三角巾のような布へ、金平糖を入れてた。食べたらあかんけど、『いよいよ、あかん』と思うたさかい、『食べたれ！』と思うて。魚雷は発見されなんで、迂回しながら、島へ進んだけど、食べたらあかん物を食べたさかい、『検査されたら、えらい目に遭う！』と思うて、ドキドキした。マニラからアンボンへ行く時、アンボンの港へ、イギリスの船が白旗を挙げて入ってきたのを見て、仲介に入ってきたと思うて。日本が負けるのは当然で、『敵機、発見！』と言うてから、大砲を廻して、戦闘機を狙うて、打ち落とせる訳が無い。敵はドンドン来るさかい、間に合わん。コンソレB24が、二十台ぐらい飛んで行く時、『敵機、発見！』と言うけど、大人と子どもの喧嘩みたいで、相手にならん。戦闘機が撃ってきたら、弾が陣を這うて、怖い、怖い、怖い！　祖母井《うばがい》という、肥えた同年兵が、頭から土塀の穴へ突っ込んで、助かった。ヤレヤレと思うたら、穴から出られん。皆で引き出すのに難儀したけど、助け出さなんだら、穴の中で死んでた。皆が近くに居ったさかい、命拾いしたと思う」

復員後

松朝「戦後、東区の馬喰町の家は焼かれて、十二軒町へ行った。谷町六丁目から、一丁西の辻を北へ入った所を、昔は十二軒町屋敷と言うて、落語に出てくる盆屋もあって。片側が塀で、お客の顔が見えんように、玄関へ長い暖簾を掛けて、飛び石があった。中へ入ると、階段があって、廊下があって。お盆で、お茶を出したり。詳しゅう言うと、わしが行ってたみたいやけど。誰かと顔を合わしたらあかんさかい、もう一つ、裏に出口がある。裏口は、トタンで出来てて。裏の路地から、谷町筋へ出る」

文我「入口と出口は、別ですか？」

松朝「あァ、別や。入口の暖簾を潜ると、階段。玄関は表通りで、表に誰か居ったら、出にくい。『昼の日中から、盆屋へ入ってる』と思われたらあかんさかい、裏から出る。十二軒町は、坂の上にあった。そこから下へ下りたら、松屋町へ出るけど、勾配がきつい。盆屋の近所に、共同便所があった。表通りやけど、あんまり人は通らなんだ」

文我「この話も、文化資料です」

松朝「十二軒町の辺りは、いざと言う時、逃げられるように、細い路地が仰山ある。船場から見たら高台やさかい、風水害が一番心配。昔は市電が走ってて、よう乗った。長堀橋から末吉橋を通って、谷町六丁目へ上がった所から、真っ直ぐ、上本町二丁目から清水谷を下がって、玉造で終点。玉造から阿倍野行きの電車があって、谷町六丁目から天満橋へ行く電車も通って。天満橋の終点に、市バスの停留所があって、銀色に塗ってあるバスで、銀バスと言うてた。天満橋から住吉神社まで行くさかい、一番長距離。天満橋の京阪電車の所から、谷町六丁目で迂回して、玉造から天王寺まで行って、今の近鉄の前から、娼妓病院《おやま》の前を通る」

文我「娼妓病院は、女郎の行く病院ですか？」

松朝「色街の女郎が病気になったら行くさかい、娼妓病院と言うてた。神ノ木から住吉街道を通って、住吉大社が終点。バスが好きやったさかい、親父に頼んで乗せてもろて、一番前の運転手の隣りへ座った」

文我「それは、いつ頃ですか？」

松朝「小学校時分で、戦前。バスの車掌は、帽子を被って、茶色の乗馬服を着てた。ハイカラなつもりやけど、車掌も締め付けられたような恰好やさかい、終点の住吉へ着いたら、ズボンのベルトを外して、一服して。住吉へ行っても、何もすることが無いさかい、また、乗って帰ってくる。バスの運転手に、『連れて帰っとおくなはれ』。親父こそ、災難やった」

文我「ほんまに、半日仕事です」

松朝「阪国バス（※阪神国道バス）も、出入橋から出て、野田阪神へ来て、阪神国道を通って、神戸へ行ってた。あの時分、国道も空いてたさかい、阪国バスは速うて、タクシーを抜いて行くぐらい。停留所は停まるけど、乗る人は少ない。何で神戸へ行ったかと言うと、西宮に二幸商会という、得意先のケーキ屋さんがある。ケーキやビスケット、ハイカラな菓子を拵えて。ウチは包み紙も完備してたさかい、写真版も入れて、色刷りの包装紙を拵えてた。二幸商会へ行くと、『坊ン、よう来てくれはりましたな』と言うて、菓子をくれはって」

キタとミナミの花月の思い出

文我「ここに、キタの花月の番組があります。一番初めに、桂せんばが出てますわ」
松朝「いつも前座で出てたけど、両親が遅う行くさかい、見られん。ミナミの花月の前座の、桂小雀も見たことが無い」
文我「次は、曲芸の一郎です」
松朝「よう肥えた人で、東陽一郎」
文我「その次が、三遊亭小圓馬」
松朝「この辺りまで、両親が近所の菊屋で御飯を食べてるさかい、大概、見られん」
文我「その次の静児・幸児は、曲芸の森幸児ですか？」
松朝「恐らく、そうやと思う。曲芸で、一輪車へ乗ったりしてた」
文我「その後は、二代目林家染丸、文雄・静代」
松朝「これは古うて、ボヤキ漫才」
文我「その後は、初代桂春團治、花月亭九里丸、雅子・染團治」
松朝「染團治は、ゴリラの物真似をする漫才」
文我「その後、三升紋十郎・五郎」

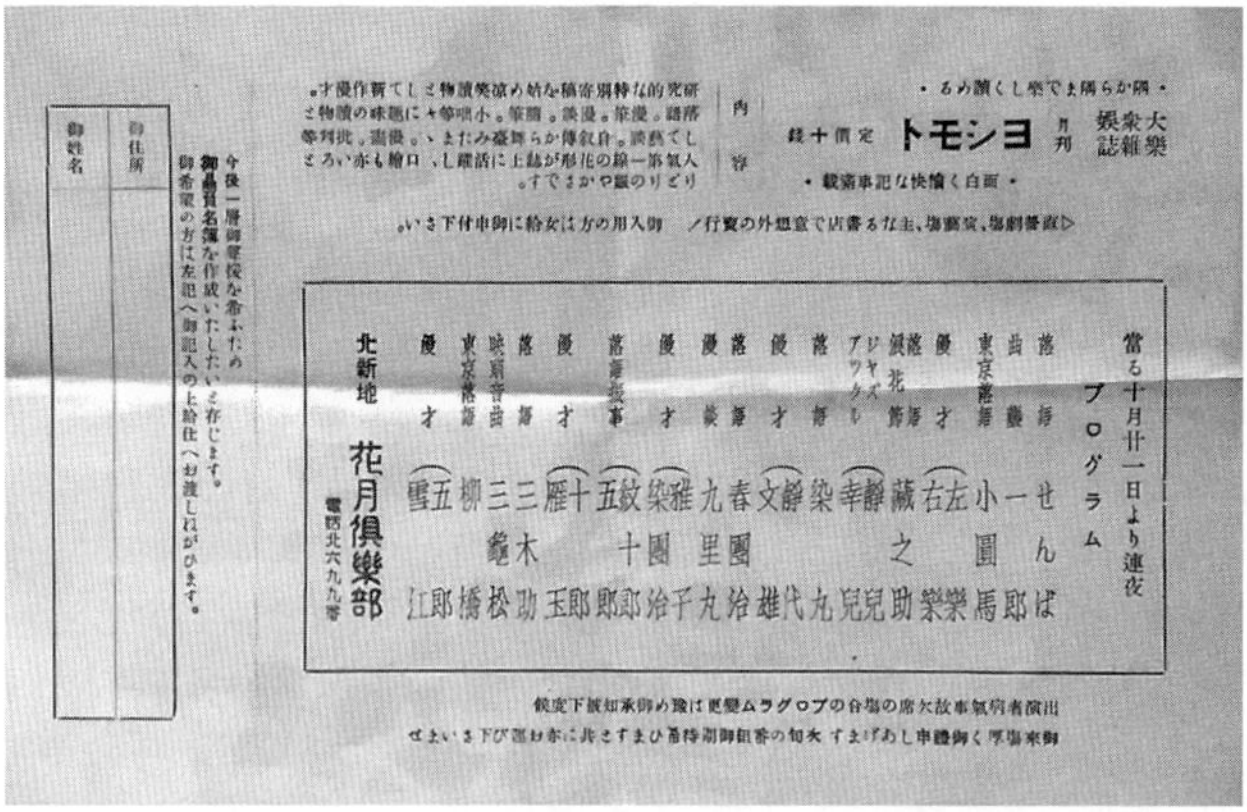
・隅から隅まで樂しく讀める・

大衆娯樂雑誌　月刊　ヨシモト　定價十錢

・面白く愉快な記事滿載・

▷直營劇場、寄席場、主なる書店で意想外の賣行／御入用の方は女給に御申付下さい。

當る十月廿一日より連夜　プログラム

落語　出囃　東京落語　漫才　落語　浪花節　ジャズ　アツクル　落語　漫才　落語　漫談　漫才　落語漫事　漫才　落語　映扇音曲　東京落語　漫才

せんば　一郎　小圓馬　左樂　右樂　藏之助　靜兒　幸兒　染丸　靜代　文雄　春團治　九里丸　雅千　染團治　紋十郎　五郎　十郎　雁玉　三木助　三龜松　柳橋　五郎　雪江

北新地　花月倶樂部　電話北六九九番

出演者病氣事故欠席の場合のプログラム變更は豫め御承知被下度候

御來場厚く御禮申しあげます　尚次の番組御期待希ひますと共に亦お誘び下さいませ

今後一層御愛授を蒙ふため御晶員名簿を作成いたしたいと存じます。御希望の方は左記へ御記入の上給仕へお渡しねがひます。

御住所

御姓名

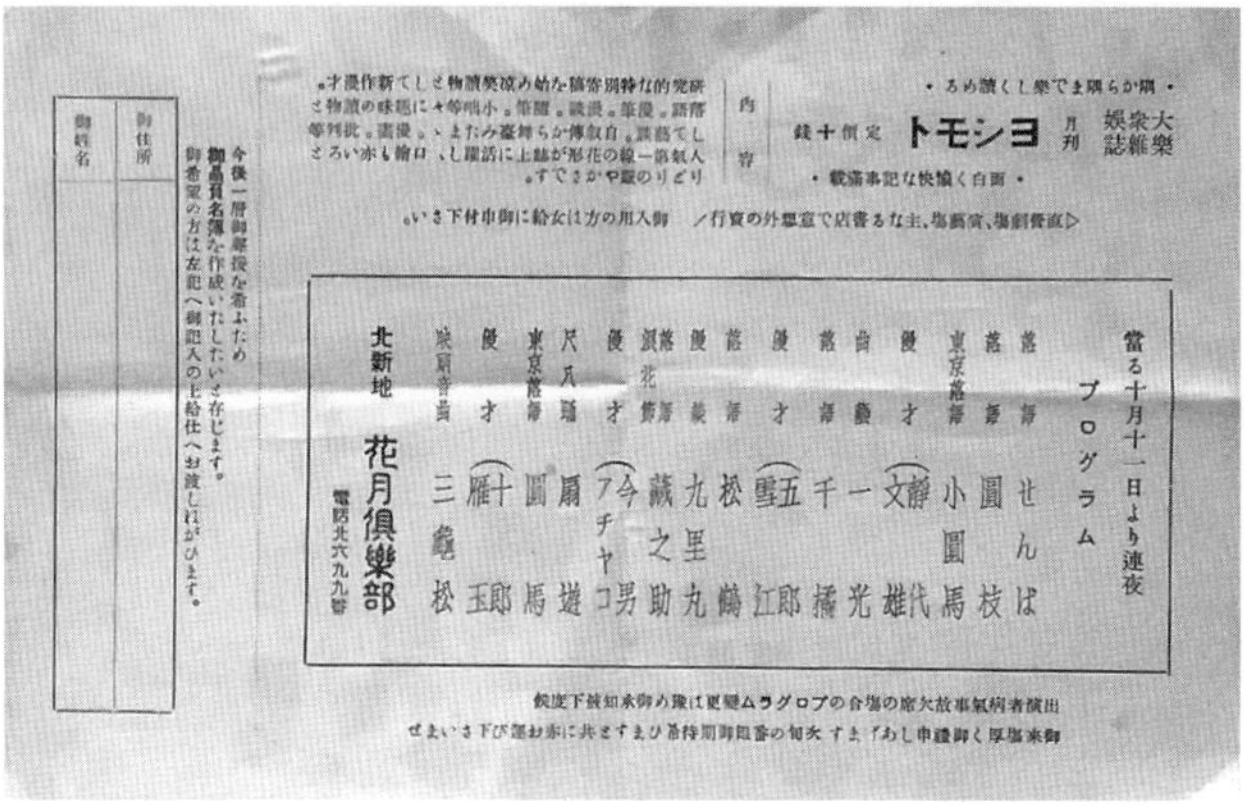
・隅から隅まで樂しく讀める・

大衆娯樂雑誌　月刊　ヨシモト　定價十錢

・面白く愉快な記事滿載・

▷直營劇場、寄席場、主なる書店で意想外の賣行／御入用の方は女給に御申付下さい。

當る十月十一日より連夜　プログラム

落語　落語　東京落語　漫才　出囃　落語　漫才　落語　漫談　落語　浪花節　漫才　尺八踊　東京落語　漫才　映扇音曲

せんば　圓枝　小圓馬　靜代　文雄　一光　千橘　五郎　雪江　松鶴　九里丸　藏之助　今男　アチャコ　扇遊　圓馬　十郎　雁玉　三龜松

北新地　花月倶樂部　電話北六九九番

出演者病氣事故欠席の場合のプログラム變更は豫め御承知被下度候

御來場厚く御禮申しあげます　尚次の番組御期待希ひますと共に亦お誘び下さいませ

今後一層御愛授を蒙ふため御晶員名簿を作成いたしたいと存じます。御希望の方は左記へ御記入の上給仕へお渡しねがひます。

御住所

御姓名

キタの花月のプログラム

林家染圓治のサイン

桂せんばのサイン

松朝「三升紋十郎は見たと思うけど、覚えが無い」

文我「五郎は、『落語・振り事』と書いてあることから考えると、八代目雷門助六でしょう」

松朝「あァ、雷門五郎」

文我「その後、雁玉・十郎、二代目桂三木助、柳家三亀松、六代目春風亭柳橋、五郎・雪江」

松朝「古い漫才で、雪江は『女道楽』を演ってて、その後、林田五郎と組んだそうな。雪江の三味線で、五郎が奴凧の真似をして、終いに電線へ引っ掛かる」

文我「三味線の糸と、奴凧の糸が掛けてあったかも知れません」

松朝「五郎・雪江のトリは、あんまり見たことが無い」

文我「次の番組は、桂せんば、桂圓枝、三遊亭小圓馬、曲芸の一光が出てます」

松朝「一光は、知らん」

文我「立花家千橘、五郎・雪江、笑福亭松鶴、花月亭九

初代橘家蔵之助のサイン

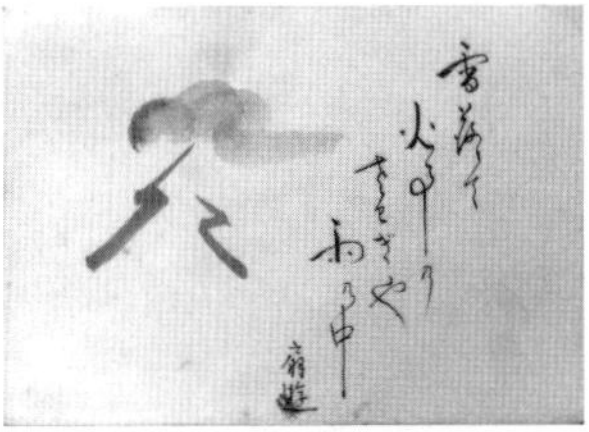

立花家扇遊のサイン

里丸、立花（橘）家蔵之助」

松朝「蔵之助は、四ツ目ぐらいの出番。大抵、『壁金』ばっかり演ってた」

文我「その後、立花家扇遊」

松朝「舞台へ出ても、尺八の掃除ばっかりしてた。座布団へ座るなり、『今日は、ほんまに良えお客さんやさかい、文句を言いはらへん』と、頭から咬んでくる。『今日は疲れてまっさかい、何にも言わんと、座らせとおくなはれ』。下手の隅で、隠居みたいに座って、『一寸、一服させてもらおう』と言うて、立ち上がって、火鉢を下手の隅へ持って行って、火鉢の火に当たる恰好をして、『あァ、寒い！　今日は何もすることが無いけど、何をしにきたかわからんさかい、一寸ぐらい、演らしてもらいまひょか。ほんまは、このまま帰りたいねん』と言いながら、座布団の所へ戻って」

文我「洒落てるけど、人を馬鹿にした芸です」

松朝「また、座布団へ戻ってきて、『今日は良えお客さんやさかい、

立花家扇遊のサイン

私の言う通りにさせてもらおう。あァ、楽や。おおきに』と言うて、一生懸命、尺八を磨いてる」

文我「お客さんは、どうしてますか？」

松朝「笑てな、仕方が無い。頭がツルツルで、あんまり肥えてない。尺八は吹かんと、『今日は、しんどい。もう、直しとこ』と言うて、尺八を置いて。『そやけど、何にもせんと帰ったら、怒りますわな。一寸だけ演らしてもろて、失礼させてもらおう』と言うて、『蠅取り』を演った。座布団を蠅取りの鳥黐《もち》にして、ピチャッと引っ付く芸。それから、『線香花火』。ピャッピャッピャッピャッピャッと、顔を動かして、線香花火の真似をする」

文我「米朝師匠に伺いましたけど、両手で火花を表現したそうで」

松朝「プチュッと、火花の玉が落ちた真似をして、終い。あんな阿呆な芸、よう演ったと思う。見てる人も、何で満足してたかわからん。頭がツルツルで、小顔やさかい、線香花火を演るには、都合が良え。芸が終わったら、『失礼しました。お後が宜しいようで』とも何とも言わんと、舞台の袖へ入ってしまう。お客が呆気に取られてる間に、スゥ――ッと袖へ入ると、一瞬置いて、ワァ――ッと笑うて」

三代目三遊亭圓馬のサイン

文我「阿呆なことを真面目に演るのが、芸かも知れません。扇遊が、尺八を吹いてる姿を見たことはありますか？」

松朝「一遍も無いけど、レコードへ『米山』『江差追分』を吹き込んでる。扇遊は、貴重な芸人やった。奥さんと東京大空襲に遭うて、死んだと聞いてる」

文我「また、キタの花月の番組に戻りますけど、立花家扇遊の次は、三代目三遊亭圓馬です」

松朝「陰気やったけど、ここという所は絞めてたさかい、上手やった」

文我「東京弁も、大阪弁も使えたそうで」

松朝「それが圓馬の強みで、完全な東京落語というより、大阪の人に馴染むように演ってたと思う。お説教みたいでも、ジックリ聞いたら、上手い」

文我「トリは、柳家三亀松です」

松朝「この人でバレるのが一番良かったのは、『今日、寄席へ行って良かった』という気になる。都々逸を先に演って、旦那と

井口静波のサイン

三遊亭柳枝のサイン

芸者の漫談を演ってた」
文我「次のプログラムに移りますけど、浮世亭静江・寿美江」
松朝「いや、知らん」
文我「千歳家歳男・一輪亭花蝶」
松朝「一輪亭花蝶は、三遊亭川柳と組んでたさかい、知ってる」
文我「それから、一陽斎正一」
松朝「同じ燕尾服を着てるアダチ龍光の方が、東北訛りで、何とも言えん味があった」
文我「その次は、東五九童・松葉蝶子」
松朝「東五九童は、晩年、千日前の食堂へ出てた」
文我「その次は、三遊亭小圓馬、三亀春・三亀造」
松朝「音曲漫才で、あんまり出てなかった」
文我「その次が、漫談の花月亭九里丸、井口静波、林田五郎・柳家雪江、不二乃道風・三遊亭柳枝」
松朝「柳枝は、三遊亭一駒と組んでたことがある。頭へ、チョン髷《まげ》のボテ鬘《かづら》を被って、沢田正二郎の真似をして。富士乃東風と別れてから、柳枝劇団を拵えて、新世界の通天閣の横の劇場で、芝居をしてた。その劇場は、八代目雷門助六になった雷門五郎一座も出てたし、金語楼劇団もあって、弟の昔昔亭桃太郎も一緒に出て、横山エンタツの相方の杉浦エノスケも役者で、杉浦栄之輔やった」

文我「その次が、桂春團治、都家静香・都家文昭の漫才」

松朝「いや、知らん」

キタの花月のチラシ

文我「その次が、古今亭志ん生。トリが、横山エンタツ・杉浦エノスケ」

文我「次は、キタの花月の落語会の番組です。二代目林家染丸が、『浮世根問』『牛ほめ』『口合根問』『鳥屋引導』『兵庫船』『寄合酒』『花捻ぢ（鼻ねじ）』。『明石人丸』は『明石名所』で、『三十石』の頭の所の『伏見人形』。それから、『遊参（山）船』」

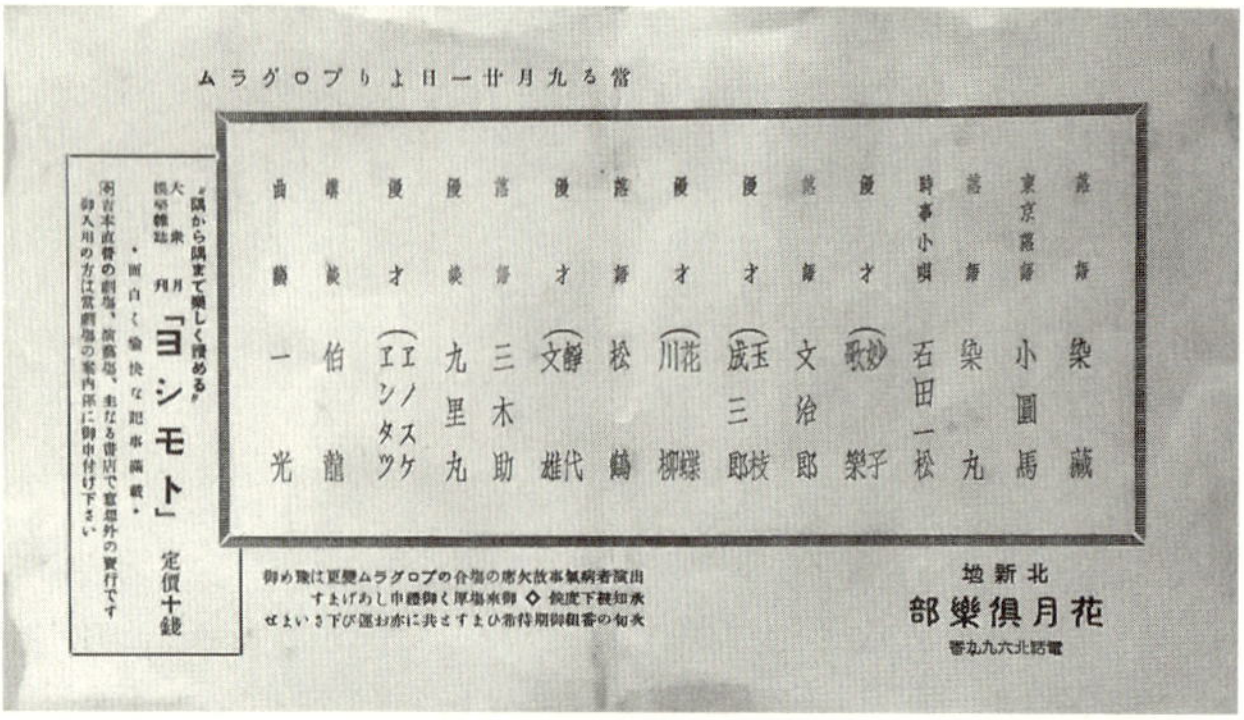

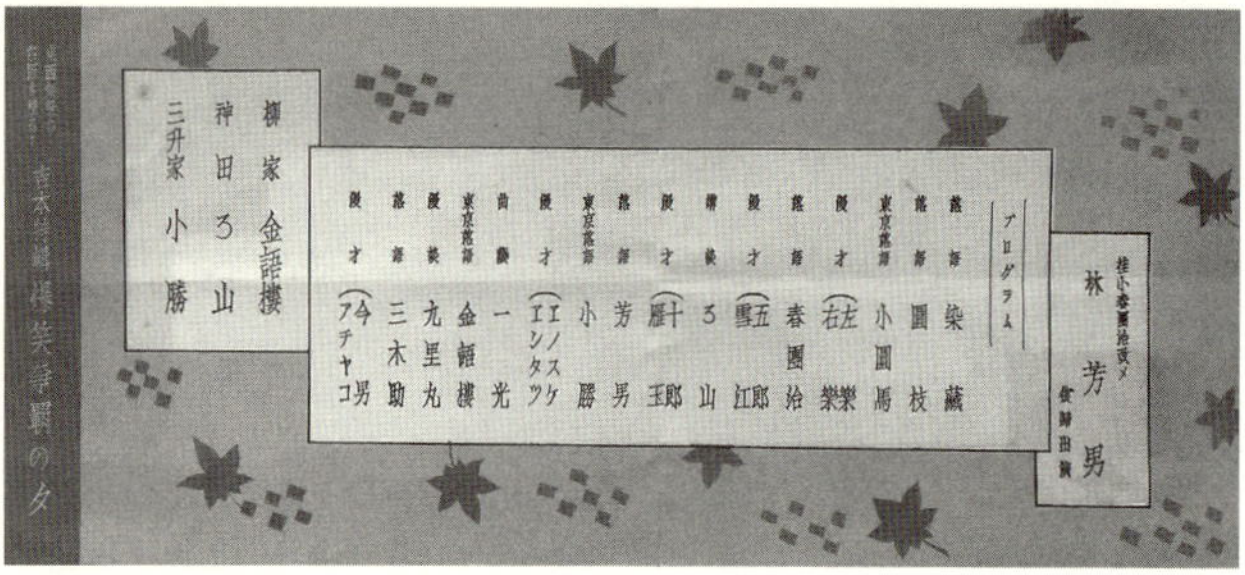

キタの花月のプログラム

松朝「そんなネタ、寄席で聞いたことが無い」

文我「落語会は、こんなネタも演ったみたいです。その次のプログラムは、前座に林家染蔵が出て、三遊亭小圓馬」

松朝「四代目圓馬になった小圓馬は、いつも早い出番。『初音の鼓』の『ポンコン』を、しょっちゅう演ってた」

文我「それから、二代目染丸、石田一松」

松朝「石田一松は、時事漫談。国会の話をしたり、時々、『ノンキなトウサン』を演ってた」

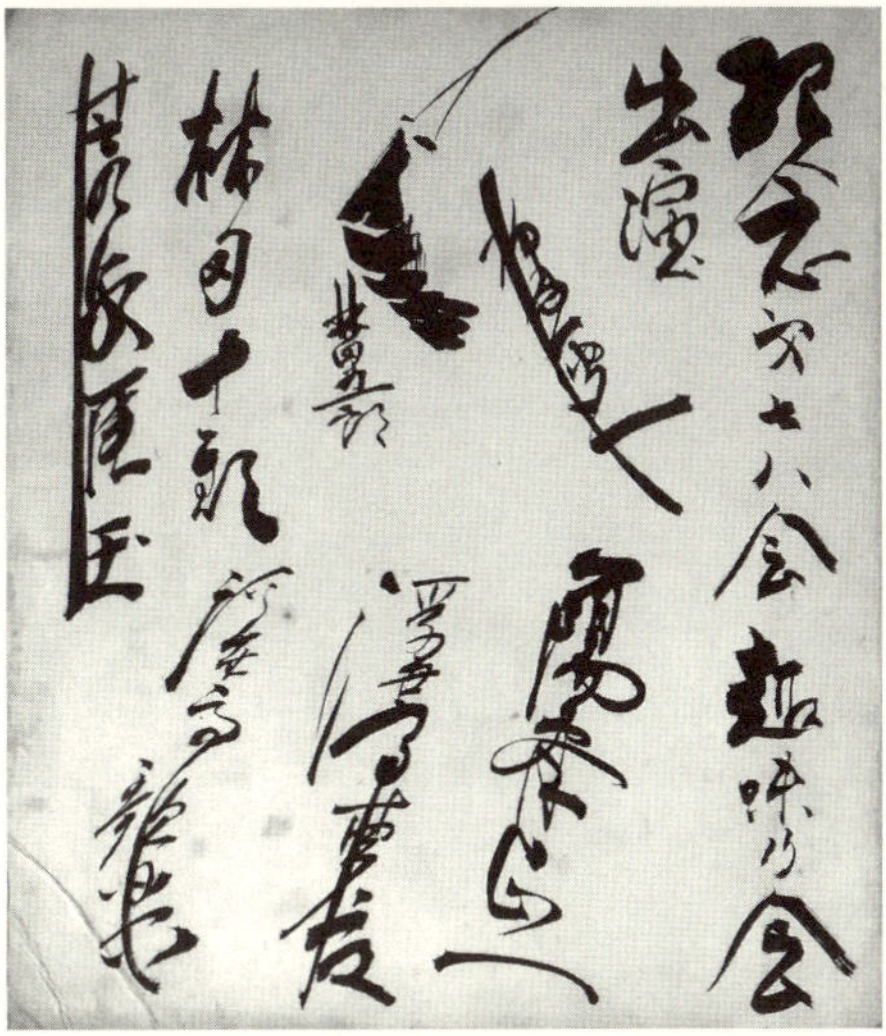

芦乃家雁玉・林田十郎のサイン

文我「その次が、浮世亭歌楽・妙子」

松朝「歌楽は知ってるけど、妙子は知らん」

文我「浮世亭歌楽師匠は、舌足らずな口調。お大尽の風格があって、晩年、生で『オッペケペ』を見せてもらいました。その次は、桂文治郎」

松朝「文治郎は、よう見た。派手でも、陰気でもない」

文我「その次が、玉枝・成三郎」

松朝「あァ、馬漫才。馬の真似をして、長い顔で、手綱を引っ張って」

文我「それから、花蝶・川柳、笑福亭松鶴、静代・文雄、桂三木助、花月亭九里丸、横山エンタツ・杉浦エノスケ、神田伯龍。トリが、一光です」

松朝「良え番組で、一円の値を付けるだけのことはある。あの時分、三友倶楽部は、十銭漫才やった。やっぱり、値は値やと思う」

文我「次の番組は、林家染蔵、桂圓枝、三遊亭小圓馬、右楽・左楽、桂春團治、五郎・雪江、神

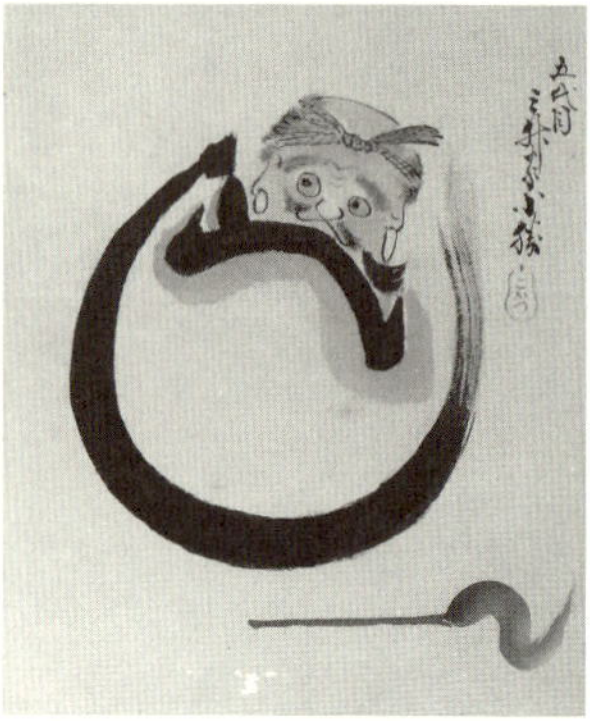

五代目三升家小勝のサイン

二代目桂三木助のサイン

　田ろ山、芦乃家雁玉・林田十郎」

松朝「雁玉・十郎は俄の出で、最初は軽口萬歳みたいな芸を、座って演ってた。雁玉を『蛸壺』、十郎を『サイラ(※サンマ)』と言うて」

文我「やっぱり、そんな顔でしたか？」

松朝「割方、男前やった。『良え顔してるな』『綺麗ということはないがね』と言うて、舌をペロペロと出して、額を叩く。高座に向かって、右側に十郎が居って、左が雁玉。『今日は、良えお客さんや。今日から、あんたとは商売は別々。ここから、お客さんを分けよ。この線から此方が、わしの場所で、ここから向こうは、あんたの場所』と言うて、十郎が『いらっしゃいませ。今日は、金持ちばっかり』と言うたら、雁玉が『今日のお客さんは立派で、国会議員みたいな人ばっかり』と言うて、誉め合いをする。軽口の出で、『五段目・山崎街道』も演ってた。その時分、十郎は熨斗目《のしめ》の着

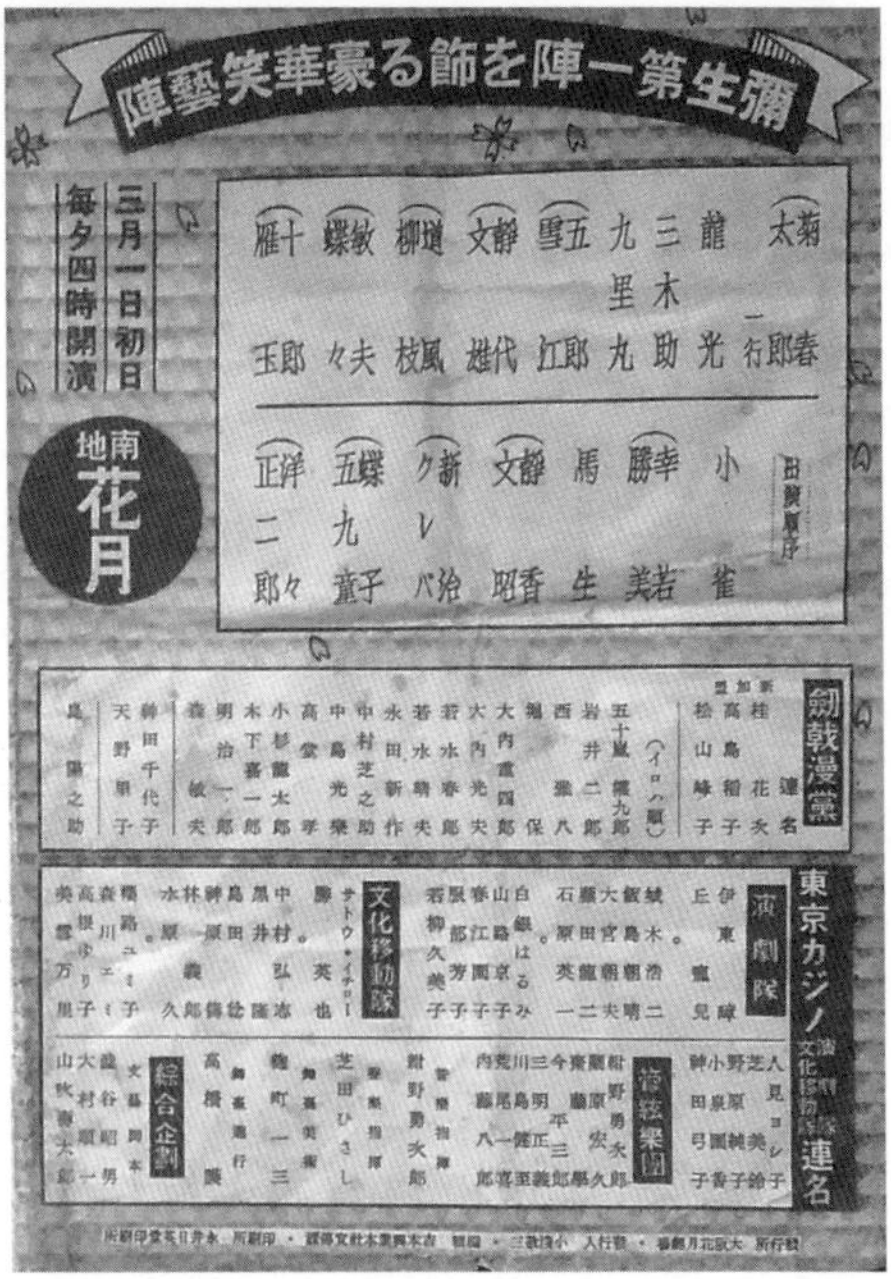

ミナミの花月のチラシ

物、雁玉は黒の着物を着て、洋服を着たのは、かなり後。エンタツ・アチャコ、右楽・左楽の影響やと思う。最初の秋山右楽・左楽は兄弟で、弟の左楽が死んだ。後の左楽は兄弟と違うさかい、夏川左楽になった」

文我「次に桂小春團治の林芳男が出て、三升家小勝が出てます」

松朝「『全くの話が』と言うてた小勝が、花月に出た？」

文我「良え出番で、横山エンタツ・杉浦エノスケ、一光、柳家金語楼、花月亭九里丸、桂三木助。トリが、花菱アチャコ・千歳家今男。次は、ミナミの花月の番組で、ザッと言うと、菊春・太郎」

松朝「三味線を持った男女の音曲漫才で、粋な芸やった。菊春が弾く三味線に合わせて、背の低い太郎が、猿の真似をして。椅子の上へ上がったり、器用な芸やった」

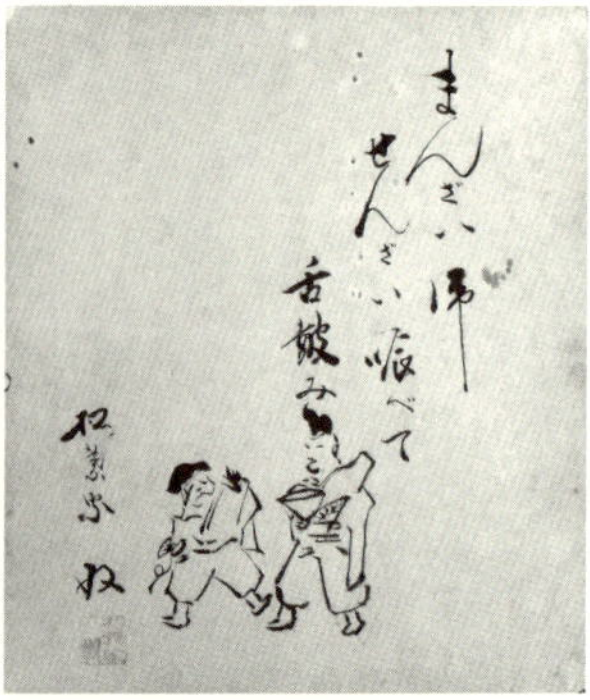
松葉家奴のサイン

文我「後は、アダチ龍光、桂小雀、幸若・勝美、金原亭馬生、新治・クレバ」

松朝「新治・クレバは、知らん」

文我「次が、洋々・正二郎」

松朝「それは、鹿島洋々かな？　確か、元は噺家や」

文我「次の番組も、ザッと言うと、『最新奇術』のワンダー正光、桂圓枝、その次が、久菊・奴」

松朝「久菊は知らんけど、奴は松葉家奴」

文我「その次は、『落語舞踊』。桂三木助と、喬之助が踊ってます」

松朝「三木助は見てるけど、喬之助は知らん」

文我「トリが『剣舞』で、武司・重隆」

松朝「片一方は、トマトみたいに真っ赤な顔で、三代目染丸みたいなタイプ。もう一人は色白で、真っ白な髪。総髪にして、鉢巻をして、長い刀を抜いて、赤ら顔が『詩吟』を演って、色白が『剣舞』を演る。顔色が赤白で、コントラストが面白かった」

文我「『剣舞』は、面白かったですか？」

松朝「全然、面白無かった」

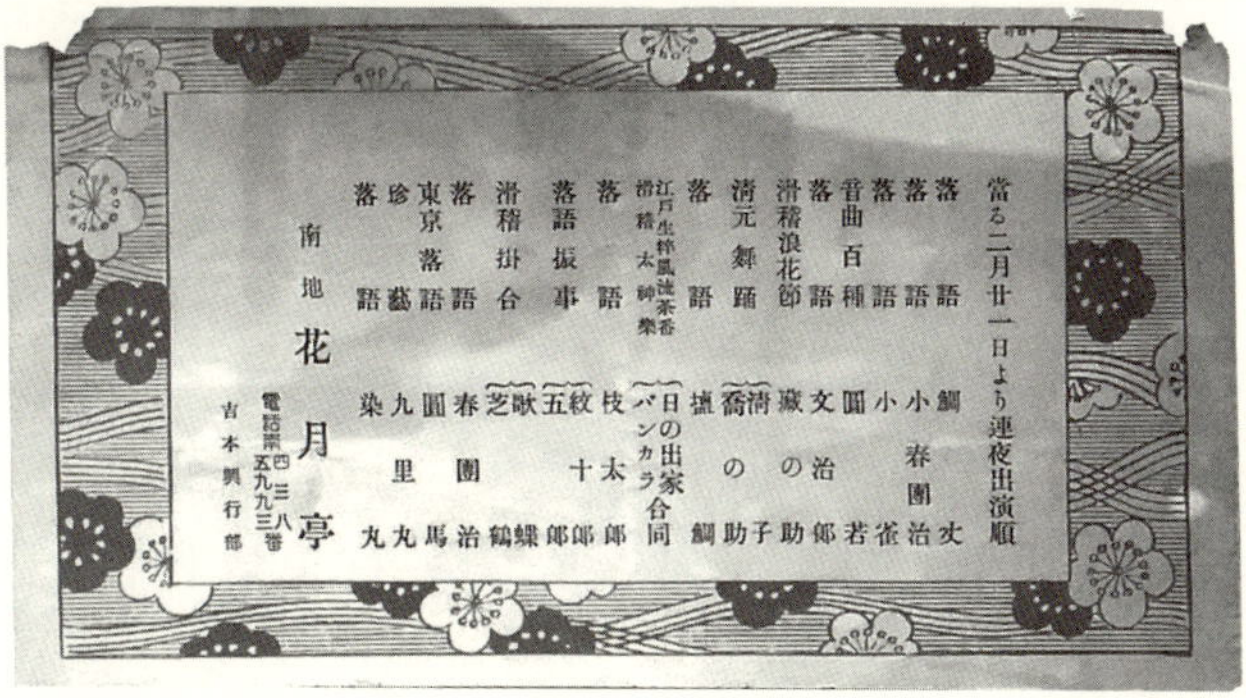

ミナミの花月のプログラム

文我「次の番組も、ザッと言うと、桂小春團治、桂小雀、三遊亭圓若、桂文治郎、立花家蔵之助。『清元舞踊』で、清子・喬の(之)助。それから、日の出家・バンカラ」

松朝「バンカラは、知らん」

文我「桂枝太郎、三升紋十郎・五郎。次の番組も、ザッと言うと、花柳小鈴・鈴木鈴若、河内家鶴江・房春」

松朝「鶴江・房春は、知らん」

文我「桂圓枝、高田幸若・荒川勝美、花月志津子・浅田家寿郎、アダチ龍光、浪花家市松・芳子」

松朝「市松・芳子は、鍋釜ジャズで面白かった。三味線に合わせて、鍋や釜を叩く芸の元祖と思う。『今日は、浪花節を演るわ』と言うて、芳子が三味線を弾いて、『アァ――ッ、アァ――ッ！』『いつまで演ってんねんな！』『アァ――ッ！　水を呑むわ』『何をすんねんな！』と言うて」

文我「その後は、不二乃道風・三遊亭柳枝、林田五郎・柳家

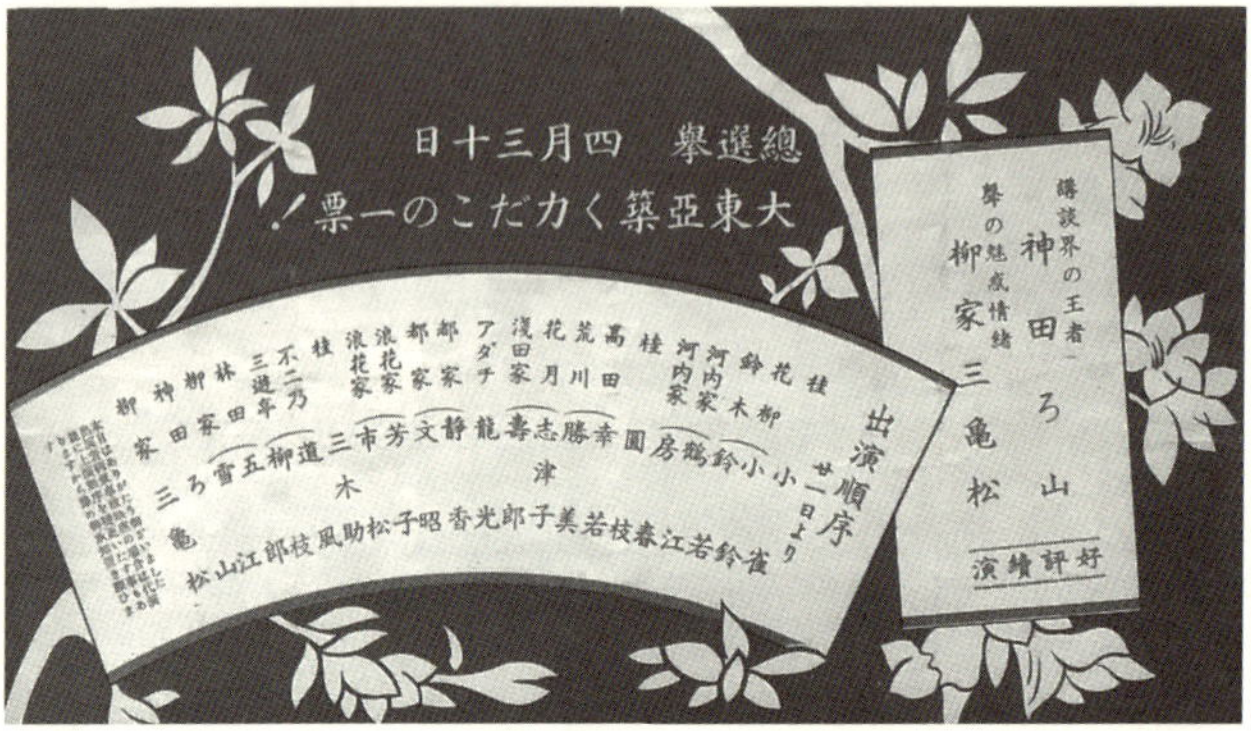

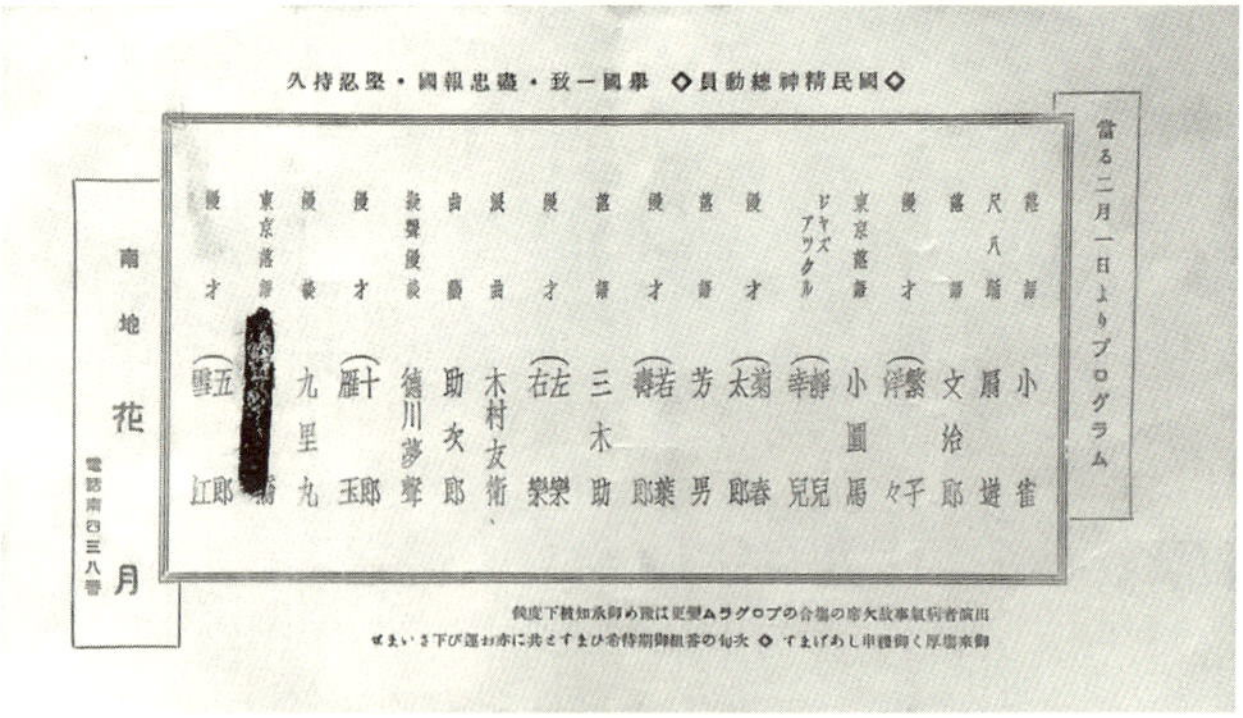

ミナミの花月のプログラム

雪江、神田ろ山、柳家三亀松」

松朝「中々、良え顔触れや」

文我「その次の番組も、ザッと言うと、『尺八』の立花家扇遊が出てます」

松朝「割りに、早い出番やな」

文我「その次に、『浪曲』の木村友衛、『曲芸』の春本助次郎が出てます。次の番組も、ザッと言うと、『安来節』を入れた女流浪曲の巴うの子。この時のトリが『人情噺』の三遊亭圓馬で、神田伯龍の写真も載ってます。次の番組も、ザッと言うと、桂枝の助、林家染八、三遊亭小圓馬。その次は、『美術紙切り』のおもちゃ、『曲独楽』の源朝、『二人滑稽』の歌蝶・芝鶴、桂文治郎。次の番組は、金原亭馬生、桂三八。この時、桂福團治は『大盞』を演ってます。その次の番組は、初代春團治が『食堂車』を演ってますわ」

二代目春本助次郎のサイン

松朝「二代目春團治も演ってた新作落語で、『ヨシモト』という雑誌に載ってる」

文我「当時の寄席の番組の様子は、阪本さんに聞くしかない」

松朝「文我さんの所に資料があるさかい、いろんな人を思い出す。文我さんが資料を集めてのうて、わしも死んだら、全然、わからん。わしが居らんようになっても、文我さんが保存してくれて、次の時代へ送ってくれたらええ。この先も、落語は滅びんと思う。昔、漫才も浅田家や林田と系統がわかったけど、今は誰の弟子かわからん。そんなことばっかりしてたら、芸が荒れる。落語みたいに、先人の芸を伝えることを、大事にしてほしい。あれでは伝統芸にならんし、人間国宝は出んと思う」

吉本の雑誌『笑売往来』

文我「吉本が大正十五年から出版した雑誌『笑売往来』に載ってる寄席は、南地花月、紅梅亭、花月倶楽部、瓢亭、松島花月、天満花月、松屋町松竹座」
松朝「松屋町の松竹座は、御旅所や」
文我「それから、京町堀の京三倶楽部、上本町の富貴」
松朝「この寄席は、ウチの近くや。上本町二丁目で、上町筋を一寸東へ行った所にあった。入ったことは無いけど、前を通ったことはある。空堀にも寄席があったけど、そこは行かんと、殆ど、花月へ連れて行ってもろた」
文我「それから、千日前の三友倶楽部」
松朝「漫才の小屋で、十銭漫才」
文我「それに、千日前の南陽館」
松朝「ボクシングの恰好をした横山エンタツが出て、三友倶楽部より、マシやった。三友倶楽部は狭いし、一寸演ると、入れ替え。次の客が、表で仰山待ってる」
文我「その代わり、十銭の入場料で、安い」
松朝「その時分、花月は一円やさかい、値打ちが違う。南陽館は間口も広いし、二十銭ぐらいか

な？　落語は無しで、漫才・奇術・漫芸。あれだけ、人がガチャガチャしてたら、落語は
　演ってられん」
文我「大正十五年は、昭和元年。この時分、初代春團治の全盛時代です」
松朝「そやさかい、花月は入場料が高うても、行く者が多かった」
文我「それから、新世界の芦辺」
松朝「あの時分、芦辺も漫才が多かった」
文我「広沢館は浪曲で、玉造は三光館」
松朝「三光館は、一遍だけ行ったことがある。玉造の日の出通りにあって、漫才と浪曲、落語も
　一寸だけ出てた。一遍、天満の浪曲の小屋へ入ったことがある」
文我「それは、國光ですか？」
松朝「國光やない浪曲の小屋で、仁丹・宝丹という漫才師が演ってた」

お茶屋の思い出

文我「米朝師匠との思い出を、もっと聞かせて下さい」

松朝「一遍、今里新地のお茶屋へ連れて行ってもろた。わしが行ってた稲富貴というお茶屋へ行ってもろた時は、文楽の豊竹咲大夫を連れてきて。芸妓に頼まれて、咲大夫は『今頃は、半七っつぁん』というサインをして、米朝さんは川柳を書いて、尻取りや野球拳で遊んだ。地方《じかた》を呼ぶと、お婆ンばっかり。若い芸妓を呼ぶと、高う付く。わしは唄を仰山知ってたさかい、芸妓は楽しみやったらしい」

文我「芸妓も唄を覚えたら、芸の仕入れになります」

松朝「芸妓が『阪本さんは、珍しい唄を知ってはる』『わしは、そんな年やない』『いや、年やのうて、お宅は苦労してはる』『苦労してへんがな』と言うて、落語みたいな会話や。こんな話、茶屋噺へ入れてもええぐらいやと思う」

文我「年を重ねてきた芸妓は、『遊んではる』『修業してはる』やのうて、直に『苦労してはる』と言うのが、面白い。いつも、どんな唄を唄うてましたか？」

松朝「『大津絵』が好きで、よう唄うた。あの時分、民謡を唄う人は多かったけど、俗曲を唄う人は少なかった。昔の漫才の『大津絵』を覚えて、いろんな文句を唄うたし、東京の音曲師

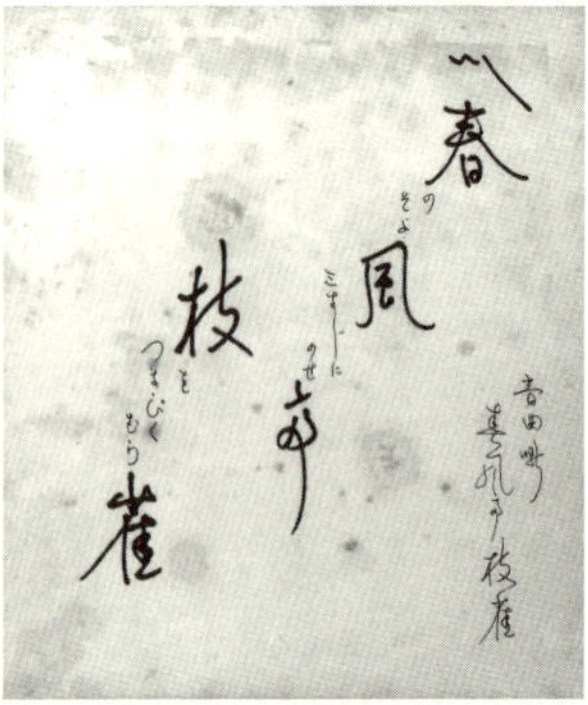

春風亭枝雀のサイン

の春風亭枝雀の文句を覚えて、お座敷で唄うたら、『こんな珍しい文句、どこで仕入れはった?』と、芸妓に聞かれて」

文我「三味線の手は決まってても、唄う人によって、段取りが違う」

松朝「中々、芸妓の三味線に合わん。此方が下手やったかも知れんけど、合わせるのが難しゅうて。唄と三味線が別々になったら、値打ちが無い。寄席で演る噺家の『大津絵』は、噺家風の唄い方でも、上手で、独特の唄い方で、味があった。噺家は、粋に唄うために、一寸、崩した唄い方をする」

文我「噺家は、上手・下手やのうて、粋さ加減が大事かも知れません」

松朝「コンパクトに、美味しい所が纏めてある。昔の噺家は、直に唄を入れてた。踊りでも、粋に踊るのが肝心。二代目三木助みたいに踊ると、お能のようになる」

上方はなし　上

文我「昭和十一年から十五年まで、五代目笑福亭松鶴が四十九冊刊行した『上方はなし』に就いて、お尋ねします。第一集に載ってる広告で、道修町の梅月という天麩羅屋、喫茶店のサンボア、長池昆布、料理の春駒、生け魚料理の蛸平は、御存知ですか？」

松朝「その時分、学生時代で、一人で食べに行くことが無かったさかい、全然、知らん」

文我「第一集の『猿後家』は、どんな噺家で聞きましたか？」

松朝「その時分は、五代目松鶴ぐらいや」

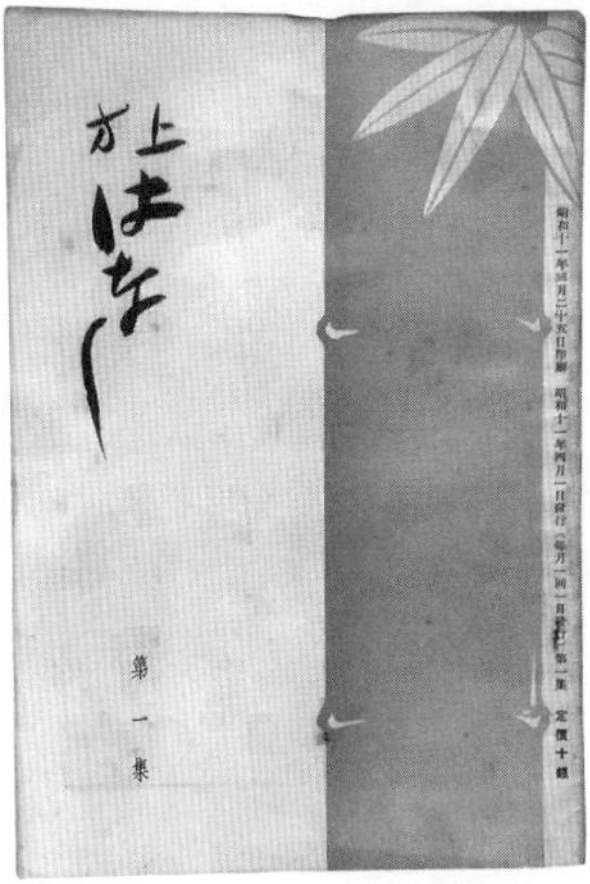

上方はなし（第一集）

文我「第二集は『人形買い』、第三集は『立ち切れ線香』」

松朝「『人形買い』は演る人が少なかったけど、『立ち切れ』は、一遍だけ、桂文治郎が演るのを、花月で聞いたことがある。文治郎は、茶屋噺が得意で、『蓮の真誠《まこと》』も演った。寄席の出番は早かったけど、粋な噺家や」

文我「第四集は、『須磨の浦風』」

松朝「長持へ、屁を入れるネタ。生で聞いたのは、三代目染丸ぐらいやけど、オチを言い終わった後、『〔須磨の浦風〕というお噺でございまして』と言うのが、いただけん。二代目染丸は、そんなことは言わなんだ。噺家は、粋に舞台を下りてほしい。三代目染丸は『茶目八』『ふぐ鍋』『莨《たばこ》の火』も、よう演った」

文我「『莨の火』のラストに、鰹節の屋台が出てきますけど、どんな物と思いますか？」

松朝「鰹節を繋いで、紅白の幕を張って、屋台が拵えてあるような物やと思う」

文我「米朝師匠に伺いましたら、『車が付いた台の上へ、山のように鰹節が積み上げてあるような物や』と仰いました。お中元として持って行くのやったら、そうかも知れんけど、屋台と言うと、祭の屋台を思い浮かべてしまいます」

松朝「あれは噺の上の表現で、そんなに仰山、鰹節は持って行かなんだと思う。屋台の手摺りに鰹節を使うたとか、飾りにしたとか、見解が違うわ。やっぱり、『莨の火』は、オチの言い方が肝心や」

文我「第五集は、『子は鎹《かすがい》』」

松朝「五代目松鶴の『子別れ』は、聞いたことが無い。大阪式の『子別れ』は、東京落語と筋は同じでも、子どもが父親の所に居るか、母親の家に居るかが違う」

文我「解説に、三代目桂文都、桂桃太郎、桂花団治も演ったと書いてあります」

松朝「花団治は知ってるけど、記憶に残らん舞台やった」
文我「『黒ン坊』という小噺も載ってますけど、生で聞いたことはありますか？」
松朝「いや、知らん」
文我「第六集は、『佐々木裁き』」
松朝「『佐々木』は、二代目三木助が演った」
文我「解説に、三代目米團治、桂米喬、七代目桂文治も演ったと書いてあります」
松朝「全く、知らん」
文我「第七集は、『夢八』」
松朝「このネタは、桂圓枝が演った」
文我「第八集は、『市助酒』」
松朝「五代目・六代目松鶴で聞いてるけど、酒に酔う所は、六代目の方が好きやった。五代目は上手いけど、サラッとし過ぎてたように思う。ＳＰレコードの『花柳界穴探し』が、実際の高座に一番近いように思うわ」
文我「お囃子の徳永はる師が、『五代目と六代目は、全然、似てない。何方かと言うと、五代目は、米朝さんの方が近いように思う』と仰いました」
松朝「何方も違うし、あんまり似た人は無いように思う。ネタは継いでるけど、芸風は継いでないという感じや。五代目は、レコードより高座の方が良えし、言葉のしゃべり方が軽うて、六代目みたいに、ドッシリしてない。唯、六代目は出来が良え時と、悪い時があり過ぎる。五代目は、平均的に結構や。六代目は、永瀧五郎さんが『うどピスト』という台本を持って行っても、直《じき》に演る人やった」

文我「『うどピスト』は、どんな噺ですか？」

松朝「タイピストが流行った時分、うどん屋の女の子のことを、うどピストにした噺。六代目に台本を渡したら、パラパラッと見て、『今から、演らしてもらいます』。永瀧さんは『やっぱり、松鶴は偉い！』と喜んだけど、直に演って、出来が良え訳が無い」

文我「第九集は、『大名将棋』」

松朝「古い噺で、五代目が演った。恐らく、講釈から持ってきた噺やと思う」

文我「桂扇枝、四代目松鶴も演ったそうです」

松朝「扇枝は寄席に出てたけど、知らん。四代目松鶴は、一遍だけ聞いた」

文我「落語研究会の同人として書いてあるのが、三遊亭圓馬、桂圓枝、二代目春團治、五代目松鶴、林家染八、桂小雀、式亭三馬、桂文治郎、桂せんば」

松朝「せんばは、キタの花月の前座や」

文我「それから、桂右之助」

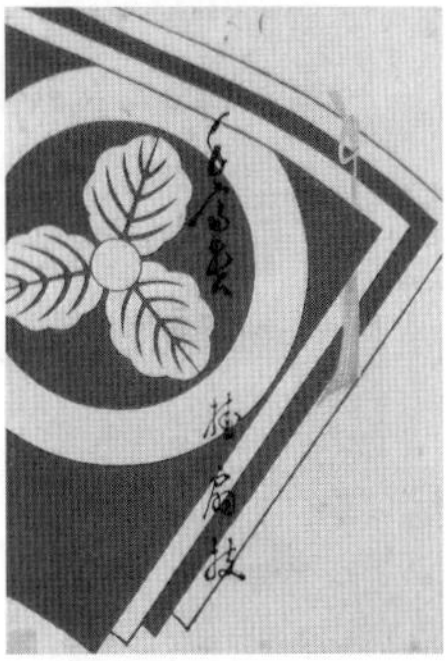
三代目桂扇枝の手拭いの包み紙

松朝「いや、知らん」

文我「広告に載ってる、線香屋の砂村梅勝堂は御存知ですか？」

松朝「そんな店、あったことも知らん」

文我「第十集は、『吉野狐』」

松朝「このネタは、笑福亭松鶴のお家芸。一遍だけ、五代目で聞いたことがある。筋は一寸違うけど、松竹新喜劇でも演った」

文我「解説に、二代目三木助、六代目林家正楽も演ったと書いてあります」

松朝「いや、知らん」

文我「桂仁左衛門は見てませんか？」

松朝「仁左衛門は速記本に出てるけど、見たことは無い」

文我「第十一集は、『天王寺詣り』」

松朝「五代目・六代目松鶴で聞いてるし、両方、十八番。五代目は、天王寺の境内の様子を語る、立て弁が良かった」

文我「二代目春團治の『天王寺詣り』は、聞きましたか？」

二代目林家染丸のサイン

松朝「いや、聞いたことが無い」

文我「『松鶴の〈天王寺詣り〉を聞くと、秋の風情が出て、春團治が演ると、春の天王寺になる』と、長谷川幸延が書いてます。第十二集の広告に、キリンビール・キリンレモンが載ってますけど、その時分、キリンレモンは飲みましたか？」

松朝「いや、飲んだことは無い」

文我「それから、胃酸過多のノルモザン錠」

松朝「仁丹は知ってるけど、その薬は知らん」

文我「第十二集のネタは、『住吉駕籠』」

松朝「このネタは、二代目染丸が良かった」

文我「染丸の『住吉駕籠』のラストは、『雀駕籠』になってます」

松朝「『駕籠屋、鳥を演れ』とか言うて、『まだ、鶯は駕籠慣れません』というのが、オチ。二代目染丸は、『雑穀八』『三十石』を聞いてる」

文我「第十三集は、『野崎詣り』」

松朝「五代目松鶴が演ったのは、知らん」

文我「解説に、二代目春團治、桂梅丸、初代桂枝雀、四代目松鶴、初代桂小南、初代露の五郎も演ったと書いてあります」
松朝「皆、知らん」
文我「第十四集は、『次の御用日』」
松朝「五代目松鶴で、一遍だけ聞いたことがある。物売りの所で、『五代目に、こんな繊細な所があるか』と思うた。夏の風物詩的な所に季節感が出て、『あァ、上方落語は良えなァ』と思うて。会話だけやなしに、物売りの紹介があったり。笑いは少のうても、季節感の入るネタが好きや」
文我「第十五集は、『大丸屋騒動』」
松朝「後々、二代目露の五郎で聞いた。二代目三木助も演ったらしいけど、聞いたことは無い」
文我「先斗町の初代桂枝太郎、桂桃太郎も演ったそうです」
松朝「いや、知らん」
文我「第十六集は、『借家怪談』」
松朝「六代目松鶴や、矢倉悦夫の桂米之助が演った」
文我「今、『借家怪談』を『しゃっきゃかいだん』と仰いましたけど、これが本来の大阪の言葉ですね。『質屋蔵』も、『ひっちゃぐら』になりますわ」

松朝「大阪弁は、詰めたり、伸ばしたり。『借家怪談』は、かなり長い噺や」
文我「第十七集は、『貝野村』」
松朝「後半は『手水廻し』で、五代目・六代目松鶴で聞いてる。昔は、後半の頭を廻す所まで行かず、おもよどんに若旦那が惚れて、貝野村へ遣いを出す所で終り。最近、前半は演らんけど、昔は前半を聞く方が多かった」
文我「五代目松鶴の『貝野村』は、如何でしたか？」
松朝「やっぱり、『天王寺詣り』の方が良かったと思う」
文我「解説に、二代目三木助、三代目米團治、桂歌之助も演ったと書いてあります」
松朝「いや、知らん」
文我「第十八集は、『口入屋』」
松朝「夜這いの所が面白いし、上方落語は克明に演るさかい、いろんな噺家が演る。五代目・六代目松鶴で聞いた」
文我「六代目も演りましたか？」
松朝「米朝さんが演り出した時分、負けてられんと思うて、演ったと思う」
文我「六代目の『地獄八景』は、如何ですか？」
松朝「いや、知らん。五代目もレコードで聞いただけで、実際、聞いたことは無い」

文我「第十九集は、『三人兄弟』」
松朝「三代目染丸、橘ノ圓都で聞いた」
文我「『三人兄弟』は、意外に演る者が少ない。第二十集は、『崇徳院』。五代目松鶴、四代目米團治で聞いたことはありませんか？」
松朝「いや、知らん」
文我「第二十集は、『尻餅』」
松朝「初代露の五郎が演ったし、三代目染丸、六代目松鶴でも聞いた」
文我「初代五郎の『尻餅』は、如何でしたか？」
松朝「エロ噺が良うて、『貧乏花見』でも、際どいことを言うてた。落語を演った後、踊ったさかい、粋やったけど」
文我「ついでに、『ちょんぬげ』という唄も載ってます」
松朝「『ちょんぬげ、ちょんぬげ、ちょんちょんぬげぬげ。ちょんが菜の葉で』と唄うて、一寸ずつ、お座敷で脱いで行く。『浅い川』なんかも、お座敷のエロの遊びや」
文我「広告に載ってる、即席料理のだるまや、いなば、支那料理の来々軒は御存知ですか？」
松朝「いや、知らん。食べる方より、お茶屋ばっかり行ってた」
文我「第二十一集は、『東の旅』。叩きの修業は、昔から演りましたか？」

松朝「ミナミの花月でも、表へ聞こえるぐらい、カチャカチャと演ってた。あの時分、静かやったさかい、石畳の法善寺横丁の花月の前を通ったら、カチャカチャという音が聞こえて、『もう始まってる』と思うて。寄席の行灯が吊ってあって、親父に連れて行ってもろた時、『もっと、前座から見たい』と思うた。大抵、前座の落語は済んで、後半の漫才・軽口・音曲、結城孫三郎の『操り人形』ばっかり。親父が東京に居った時分、三代目柳家小さんが好きで、小さんの本を仰山集めてたらしい。わしが落語好きになった時分は無かったさかい、お袋が捨てたかも知れん」

文我「もう一席、『土橋萬歳』」

松朝「あァ、良え噺や。サゲが、スカみたいやけど」

文我「この時分になると、三越八階ホールの『上方はなしを聴く会』の宣伝が載ってます」

松朝「その会は、行ってた」

文我「桂松竹、笑福亭福圓」

松朝「そんな人は、知らん」

文我「橘ノ圓都の『鰻谷』」

松朝「このネタは、十八番のようにして演った」

文我「それから、桂花柳の『正月丁稚』」

松朝「あァ、聞いた。花柳は『ぬの字鼠』や、いろんなネタを演る」
文我「第二十二集は、『鍬潟』」
松朝「それは、聞いたことがある」
文我「五代目松鶴の『盗人の仲裁』は、如何ですか？」
松朝「短いネタやさかい、寄席の時間の調整で演る。六代目松鶴でも聞いたし、五代目は『性は善』という題で演った」
文我「『上方はなしを聞く会』は、花柳の『蔵丁稚』」
松朝「それは、しょっちゅう聞いた」
文我「四代目米團治の『浮世根問』、染三の『苫ケ島』、林家染之助、笑福亭福松、笑福亭圓歌」
松朝「『浮世根問』『苫ケ島』は知らんし、他の人も聞いたことが無い」
文我「その次は、三代目米團治の『寝床』」
松朝「いや、それも聞いたことが無い」
文我「第二十三集は、『百年目』」
松朝「それは、五代目・六代目松鶴で聞いた。六代目は、どこで聞いたか忘れたけど、サゲまで行かなんだと思う。三代目染丸も、よう演った」
文我「次は、花柳の『絵根問』」

松朝「『つる』の別の題名やと思うけど、よう聞いた」
文我「その後、三代目米團治の『加賀見山』」
松朝「それは、知らん」
文我「それから、花団治の『相もどり』」
松朝「『相もどり』というたら、『子は鎹』や」
文我「福圓の『黒川佐中』、花柳の『胴乱の幸助』、四代米團治の『小倉船』、花柳の『堀川』、三代目米團治の『手切れ丁稚』、四代目松鶴の『孝行糖』」
松朝「全然、知らん」
文我「それから、圓都の『石返し』」
松朝「噺の筋は知ってるけど、聞いたことは無い」
文我「第二十四集は、『軽業』」
松朝「このネタは、皆、演った」
文我「もう一席、『貧乏花見』」
松朝「初代露の五郎とか、五代目・六代目松鶴で聞いたけど、『銚子のお代わりを持ってきました』という、サゲまで行くことは少なかった」
文我「『上方はなしを聴く会』は、圓都の『太田道灌』」

松朝「ＣＤになってるけど、実際、高座で聞いたことは無い」
文我「花団治の『辻占茶屋』、四代目米團治の『かぜのくやみ』」
松朝「『かぜのくやみ』というネタは、聞いたことが無い」
文我「それから、三代目米團治の『癪の合薬』」
松朝「それは『やかんなめ』で、聞いたことがある」
文我「その後、五代目松鶴の『牛の丸薬』」
松朝「丁度、兵隊へ行く時、聞いた」
文我「それから、桂南天の『深山がくれ』」
松朝「あの人は、小噺みたいなネタばっかり演ったさかい、知らん」
文我「その後、花柳の『桜の宮』」
松朝「あァ、聞いた。花柳の『桜の宮』は、噺の構成も上手に出来てた」
文我「それから、三笑亭芝楽」
松朝「その人は、知らん」
文我「その後、五代目松鶴の『くっしゃみ講釈』」
松朝「十八番で、何遍も聞いた」
文我「桂春輔の『生貝』、四代目米團治の『いびき茶屋』、三代目米團治の『下の關水《せきみず》』」

松朝「『下の關水』は、一遍も聞いたことが無い」
文我「第二十五集は、『七度狐』」
松朝「昔から、皆、演った」
文我「もう一席、『蒀の火』」
松朝「五代目松鶴の噺は軽いさかい、『蒀の火』は評判にならなんだ」
文我「圓枝の『胴乱の幸助』は、如何ですか？」
松朝「全く、聞いたことが無い」
文我「『蔵丁稚』は、桂小米喬、初代露の五郎、立花家千橘、桂小春團治も演りました」
松朝「いや、知らん」
文我「第二十六集は、『船弁慶』」
松朝「これは、五代目・六代目松鶴、長谷川多持の小文枝も演った」
文我「五代目松鶴の『船弁慶』は、如何でしたか？」
松朝「ラストの『スックと立って！』という平知盛の所は、形は良うなかったように思う。難波《なにわ》橋《ばし》へ行く所までは面白いけど、能掛かりになると、軽い。芝居仕立てになる所は、六代目の方が良かった」
文我「『鷺取り』は、如何ですか？」

松朝「あれは、桂米之助が演った」
文我「それから、『卯の日詣り』」
松朝「四代目米團治が演ったし、米之助でも聞いた。わしも習うてるし、面白いネタやけど、あんまり人が演らんし、気色悪いネタや。わしは茶屋噺が好きで、兵隊に取られなんだら、もっと教えてもろたと思う。戦争さえ無かったら、噺家で高座も出たやろし、もっと落語を勉強出来たた。米團治師匠の家へ稽古に行って、脂が乗ってきた時分、兵隊に取られて。助かったのは、米團治師匠に習うたネタを戦地で演って、ウケたさかい、財産になったと思う」
文我「他の人と比べたら、美味しい物も食べられた」
松朝「あァ、それだけや。米朝さんと、『兵隊に取られなんだら、もっとネタが増えて、珍しいネタが覚えられた』と言い合うて。あの時分、人の知らんネタを覚えようという気があって、米團治師匠に『丹波ほうずき』を教えてもらうように頼んでた」
文我「『丹波ほうずき』は、どんな内容ですか？」
松朝「全然、わからん。稽古が盛り上がってきた時分、赤紙が来た。上方落語は資料が少ないさかい、古い師匠に聞くしかない」
文我「米朝師匠と気が合うたのは、そんな所もあるようで」

松朝「ほんまに、戦争を恨む。後一年でも、米團治師匠に教えてもろてたら、『仕込みの大筒』みたいな珍しいネタも、吸収出来たかも知れん。米團治師匠は、『わしが知らん噺は、他の人に聞くわ』と言うてくれはった」

上方はなし　下

文我「六代目松鶴師匠と、初めて会うた時のことは覚えてますか？」

松朝「心斎橋のお茶の名店・川口軒で、絣の着物を着て、前掛けを掛けて、奉公してた時分は、知らん。松屋町の松竹座の『上方はなしを聞く会』の受付に立って、モギリの手伝いをしてた時分からで、かなり年は上のように思うたけど、二つ、三つしか違わん。話をするようになってから、青田《あおた》（※木戸御免）で通してくれた。川口軒の時分、九里丸さんが世話してたらしい。九里丸さんに付いていてたら、落語の世界に入れると思うたかも知れん。唯、『上方はなしを聞く会』は休まんと通うたけど、九里丸さんの姿を見たことは無かった」

文我「また、『上方はなし』のことを伺いますけど、笑福亭小枝鶴は御存知ですか？」

松朝「いや、知らん」

文我「花団治は、どんな人でしたか？」

松朝「『上方はなしの会』も出てたけど、あんまり太った人やなかった。どんなネタを聞いたかも、あんまり覚えてないわ」

文我「花柳の『味噌蔵』、圓都の『皿屋敷』は、如何ですか？」

松朝「いや、聞いたことが無い」

文我「第二十六集は、『植木屋』」
松朝「それは聞いたことがあるし、面白かった」
文我「第二十七集は、『千両みかん』」
松朝「五代目松鶴で聞いたけど、『くっしゃみ講釈』『天王寺詣り』の方が良かった」
文我「それから、花柳の『百人坊主』」

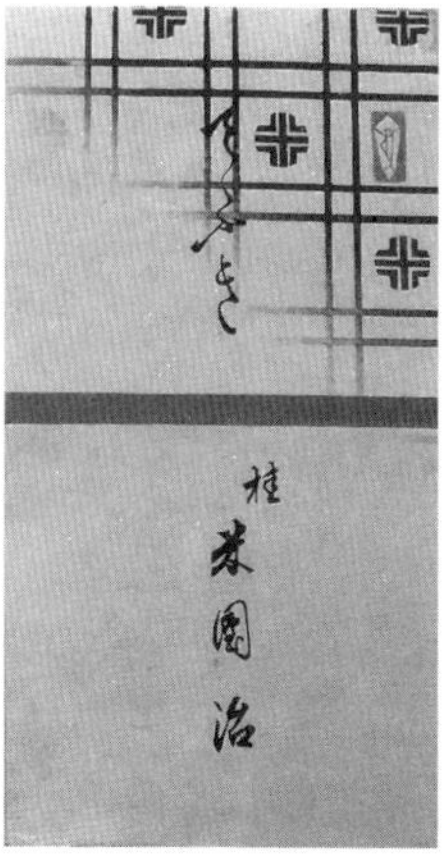

三代目桂米團治の手拭いの包み紙

松朝「いや、知らん」
文我「次は、圓都の『宿屋仇』、林家染之助の『延陽伯』」
松朝「聞いたことはあるけど、詳しゅう覚えてない」
文我「次は、三代目米團治の『稽古屋』」
松朝「全然、知らん」
文我「それから、花橘の『昆布巻芝居』」
松朝「あァ、聞いたことがある。花橘さんは、芝居噺系統が多かった」
文我「五代目松鶴の『欲の熊鷹』は、如何ですか？」
松朝「聞いてるけど、覚えてない」
文我「トリは、染三の『片袖』」

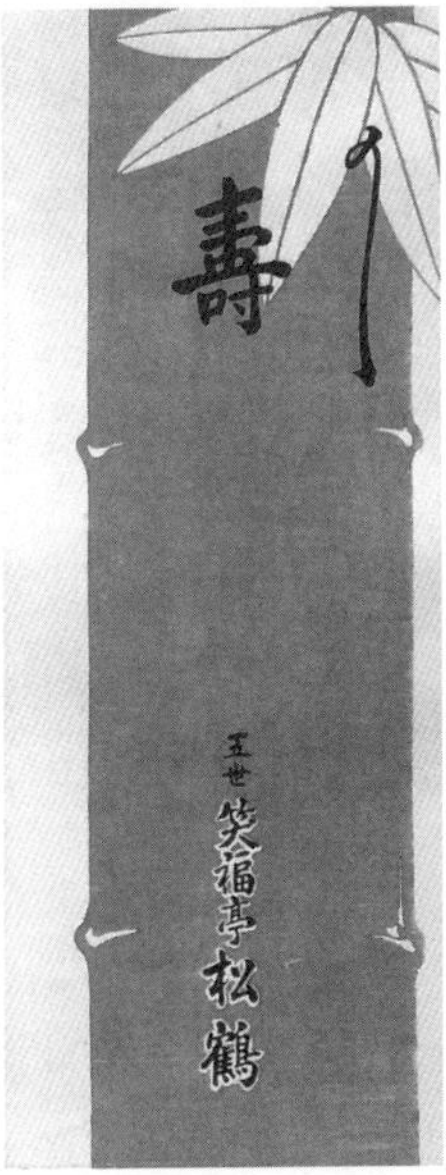

五代目笑福亭松鶴の
手拭いの包み紙

松朝「聞いたことが無いけど、染三は好きやった。下手な人やと言われてたけど、そんなに悪いとは思わなんだ」
文我「五代目松鶴の『按摩炬燵』は、如何ですか？」
松朝「このネタは、二代目春團治で聞いた」
文我「広告に載ってる、匂い袋の岡本ピョンピョン堂は知りませんか？」
松朝「全く、知らん」
文我「第二十八集は、『七度狐』」
松朝「五代目松鶴、四代目米團治では、聞いたことは無い」
文我「楽語荘の同人で、三笑亭芝楽、桂團橘、笑福亭松竹は知りませんか？」
松朝「全く、知らん」
文我「笑福亭圓歌は、如何ですか？」
松朝「レコードで聞いた以外、知らん」
文我「もう一席は、『仔猫』」

松朝「五代目松鶴で聞いてるし、四代目米團治も演った」
文我「五代目の『仔猫』は、如何でしたか？」
松朝「凄味という点では、四代目米團治が勝ってた」
文我「当時、『お文さん』は、誰か演ってましたか？」
松朝「千橘が演ったのを、ミナミの花月で聞いたわ。漫才や、いろんな芸が並んでる中でも、平気で演ってた」
文我「それから、染三の『庵寺潰し』。つまり、『七度狐』」
松朝「染三の『七度狐』は、知らん」
文我「四代目米團治の『蛇含草』は、如何ですか？」
松朝「『蛇含草』は、わしも習うた」
文我「四代目米團治の餅の食べ方は、如何でしたか？」
松朝「目の使い方や、仕種が面白かった。歯が悪かったけど、餅を食べる所は、上手やった」
文我「それから、五代目松鶴の『染色』」
松朝「全く、聞いたことが無い」
文我「花柳の『胴取り』は、如何ですか？」
松朝「米團治師匠に『胴取り』を習うたけど、花柳は知らん。米團治師匠に習うて、演ったのと違うかな？」

文我「花団治の『新猫』、三代目米團治の『質屋蔵』」

松朝「全く、知らん」

文我「第三十集は、『月宮殿』の前半です」

松朝「『月宮殿』は、よう聞いた。誰で聞いたか忘れたけど、『花の都』みたいな、変わった噺が好きやった」

文我「もう一席、『菊江仏壇』」

松朝「いや、覚えが無い。『菊江仏壇』は、四代目米團治が演った」

文我「それから、花団治の『子別れ』」

松朝「全く、知らん」

文我「五代目松鶴の『鍬潟』は、如何でしたか？」

松朝「このネタは、よう演った。『鍬潟』のような相撲取りの噺は、身体がズングリしてたさかい、よう合うてたと思う」

文我「その次は、花柳の『赤子茶屋』」

松朝「聞いたことはあるけど、覚えが無い。確か、桂米之助が演った」

文我「それから、桂談枝の『盗人の仲裁』」

松朝「聞いたけど、あんまり良うなかった」
文我「それから、五代目松鶴の『木挽茶屋』」
松朝「あァ、聞いたことがある。あの時分、お茶屋の噺は、『木挽茶屋』『親子茶屋』が多かった。『木挽茶屋』は、坊さんや大工が出てくる、面白いネタや」
文我「それから、三代目米團治の『ぬの字鼠』」
松朝「それは、よう聞いた。可も無し、不可も無し」
文我「それから、福松の『算段の平兵衛』」
松朝「いや、知らん」
文我「四代目米團治の『景清』は、如何ですか？」
松朝「あァ、聞いたことがある。『下取りの目を置いていけ』というオチで、大名行列の所は演らなんだ」
文我「福圓の『外科本道』『黒川佐中』は知ってますか？」
松朝「いや、知らん」
文我「第三十集は、『月宮殿』の後半と、『三枚起請』」
松朝「『三枚起請』『吉野狐』は、五代目に合うてたと思う。五代目は、こんな細かい、人情味のある噺も良かった」

文我「三代目米團治の『莨の火』『古手買い』『ちしゃ医者』は、如何ですか？」
松朝「いや、知らん」
文我「それから、染三の『住吉駕籠』『たいこ腹』」
松朝「それは聞いてるけど、あんまり良えことは無かった」
文我「花柳の『植木屋』は、如何ですか？」
松朝「あァ、良かった」
文我「花柳の『堀川』『味噌蔵』は、如何ですか？」
松朝「それは、知らん」
文我「四代目松鶴は、如何ですか？」
松朝「聞いてるけど、覚えが無い」
文我「桂談枝の『ろくろ首』は、如何ですか？」
松朝「いや、知らん」
文我「花団治の『子は鎹』は、如何ですか？」
松朝「よう演ったらしいけど、聞いてない」
文我「広告に載ってる、煙草入れの鍵屋五兵衛は知りませんか？」
松朝「全く、知らん」

文我「第三十一集は、『播州巡り』の前半です」
松朝「それは、わしも習うた」
文我「五代目松鶴から習うたのは、どんなネタですか?」
松朝「五代目は、前座噺ばっかり。米團治師匠は、一流の噺を教えてくれはった」
文我「五代目に習うたのは、『浮世根問』の後半と、『明石名所』だけですか?」
松朝「もう一つ、長いネタを教えてもろたけど、忘れた」
文我「四代目米團治の『子ほめ』は、如何ですか?」
松朝「いや、知らん」
文我「ほな、圓都の『ふたなり』」
松朝「よう演ったけど、聞いたことは無い」
文我「花団治の『立切れ』、三代目米團治の『愛宕山』、春輔の『源兵衛玉』は、如何ですか?」
松朝「全く、知らん」
文我「次は、五代目松鶴の『仏師屋盗人』」
松朝「あァ、首を落とす噺。聞いたことがあるように思うけど、覚えが無い」
文我「四代目米團治の『エェ気味』という噺は、如何ですか?」
松朝「それは、小噺やと思う」

文我「もう一席は、『苫ケ島』。四代目米團治の『軽業』は、如何でしたか？」
松朝「両方、知らん」
文我「それから、染三の『牛ほめ』」
松朝「そんなネタ、演ったかな？」
文我「その次は、麦團治の『らくだ』」
松朝「あァ、後の四代目文團治」
文我「五代目松鶴の『鍬潟』に、圓都の『寝床』」
松朝「圓都の『寝床』は、知らん」
文我「それから、花橘の『肝つぶし』」
松朝「それは、よう演った。芝居噺的な後半は、ゆっくりした口調で、的確に演った」
文我「それから、三代目米團治の『貝野村』」
松朝「五代目で聞いてるけど、三代目米團治は知らん」
文我「楽語荘の同人で、笑福亭里鶴は知ってますか？」
松朝「いや、知らん」
文我「第三十二集は、『播州巡り』の後半と、『お玉牛』」
松朝「『お玉牛』は、五代目松鶴では聞いてないけど、花橘さんで聞いた」

文我「その次は、南天の『お伊勢参り』、花柳の『按《あん》七』」
松朝「いや、知らん」
文我「染三の『新町ぞめき』は、如何ですか？」
松朝「聞いたことがあるように思うけど、覚えが無い」
文我「次は、五代目松鶴の『市助酒』、四代目米團治の『不動坊』」
松朝「両方、聞いてる。米團治師匠は、怪談が入る方が生きると思う」
文我「それから、談枝の『口入屋』、三代目米團治の『蜆売り』」
松朝「いや、知らん」
文我「酒の広告の菊政宗・世界長・白鶴に、鯛飯の与太呂。次は『兵庫船』ですけど、いろんな人が演ったと思います。『厄払い』は、誰が演りましたか？」
松朝「花橘さんが、よう演ってた」
文我「『絵手紙』は、二世曾呂利新左衛門のＳＰレコードで残ってますけど、誰かで聞いたことがありますか？」
松朝「いや、無い」
文我「四代目文枝になった枝三郎の『近江八景』、四代目米團治の『厄払い』、花橘の『綱七』、三代目米團治の『高尾』、染三の『電話の散財』は、如何ですか？」

松朝「全く、知らん」
文我「第三十三集は、『兵庫船』の前半と、『高津の富』」
松朝「『高津の富』は、しょっちゅう演ってたさかい、違うネタを演ってほしいと思うた」
文我「第三十四集は、『兵庫船』の後半と、『天神山』」
松朝「これも、しょっちゅう演ってた。後半の狐を捕る所が、ほんまに狐を捕ってるみたいや。あんな恰好を、我々が演っても形にならんけど、五代目松鶴の棟梁みたいな体格は、イメージに、ピッタリやった」
文我「その次は、染三の『小倉船』、談枝の『八五郎坊主』」

五代目笑福亭松鶴

松朝「全く、聞いたことが無い」
文我「それから、五代目松鶴の『雪こかし』」
松朝「『忠臣蔵』の中の『雪こかし』は、聞く機会が無かった。『雪こかし』は、六代目松鶴も演ったことがあるらしい」
文我「その次は、花団治の『ざこ八』」
松朝「いや、知らん」
文我「それから、花柳の『関津富《せきのしんぷ》』」

松朝「そんなネタ、演ってたことも知らん」
文我「花橘の『親子茶屋』は、如何ですか?」
松朝「レコードに吹き込んでるし、演り易いのか、しょっちゅう演ってた」
文我「それから、三代目米團治の『嘘修業』。つまり、『鉄砲勇助』」
松朝「いや、知らん。やっぱり、聞いてないネタも多い」
文我「第三十五集は、『狼講釈』『桜の宮』」
松朝「『狼講釈』は前座噺で、誰かで聞いたことがある」
文我「花柳の『寄合酒』、談枝の『向う付け』は、如何ですか?」
松朝「いや、知らん」
文我「その次は、四代目米團治の『代書』」
松朝「これは、十八番!」
文我「三代目米團治の『貧乏花見』、春輔の『地震加藤』」
松朝「全く、知らん」
文我「五代目松鶴の『宿屋仇』は、如何ですか?」
松朝「それは聞いてるけど、あんまり良えと思わなんだ。五代目の噺は、意外に軽い。声柄も、六代目の方が、ドッシリしてる」

文我「六代目は、『宿屋仇』を演りませんでした」
松朝「確かに、演らなんだ。五代目の『宿屋仇』は、三人連れの伊勢参りが騒ぐ所は良えけど、侍が軽かったように思う」
文我「花橋の『忠義の正夢』は、『肝つぶし』でしょう」
松朝「わしも、そう思う」
文我「第三十六集は、『三十石』」
松朝「よう演ってたし、五代目松鶴の『三十石』は、六代目より良かった。船唄は良うなかったけど、船頭や土方が出てくる噺は、見た目でも、人柄に合うてたと思う」
文我「元々、大工です」
松朝「あァ、その通り。いつも、陽に当たってるような感じや。膝隠しが、真ん中で開くようになってて、船の絵が出てくる。あの演出は、今でも面白いと思う」
文我「『土橋萬歳』は、花橋も演ったそうで?」
松朝「いや、知らん」
文我「第三十七集は、『紺田屋』」
松朝「それは、聞いたことがある」
文我「笑福亭正右衛門は、聞いたことがありますか?」

松朝「いや、知らん」

文我「『上方はなし』は、紙の手配が難しかったのに、後々、ブ厚くなります。桂扇枝、西國坊明学は御存知ですか？」

松朝「全く、知らん」

文我「第三十八集は、『遊山船』『宿屋仇』」

松朝「『遊山船』は、よう演ってた。六代目より、五代目の方が好きや」

文我「それは、どういう訳ですか？」

松朝「五代目を一番初めに聞いたのが、『遊山船』やったからかも知れん。知らん噺は吸収したろと思うてたさかい、一生懸命に聞いた」

文我「第三十九集は、『腕喰い』」

松朝「それも、よう演ってた。陰惨なネタやけど、情がある」

文我「第四十集は、『運付酒』」

松朝「皆、よう演ったけど、誰が演ったか、覚えが無い」

文我「文治郎は、幾つぐらい聞きましたか？」

松朝「そんなに仰山、聞いてないと思う」

文我「もう一席、『後家馬子』」

松朝「あァ、聞いたことがある。割方、良え噺や」
文我「五代目松鶴は、馬方も似合いましたか？」
松朝「元々、大工やから、そんな仕事の雰囲気は、上手やったと思う」
文我「それから、五代目松鶴の『三人旅』」
松朝「五代目も、他の人でも聞いてる」
文我「それから、麦團治の『お文さん』」
松朝「『お文さん』は、千橘が良かったと思う」
文我「その次は、花柳の『立切れ』」
松朝「あァ、聞いた。花柳は、茶屋噺が良かったわ」
文我「それから、花団治の『手水廻し』、南天の『鳥屋坊主』、桂梅三の『鹿政談』」
松朝「いや、知らん」
文我「それから、三代目米團治の『蘭方医者』」
松朝「あれは、面白かった」
文我「それから、花柳の『三枚起請』」
松朝「四代目米團治師匠も、『花柳の〔三枚起請〕は良え』と言うてたし、『按七』のような軽い噺も上手で、茶屋噺も結構。雄犬が三匹、雌犬に随いて行く所も、細かい描写やと思う」

文我「それから、花橘の『抜け雀』」
松朝「あァ、聞いたことがある。あんまり、面白無かったけど」
文我「第四十一集は、『三人旅』の前半と、『鮑貝』『五人裁き』」
松朝「いや、聞いたことが無い」
文我「それから、染三の『天狗さし』」
松朝「珍しい噺やさかい、面白いと思うた。染三の『鶴満寺』『天狗さし』は、良かったと思う」
文我「里鶴の『蛸坊主』は、如何ですか？」
松朝「いや、知らん」
文我「それから、三代目米團治の『向う付け』」
松朝「全く、聞いたことが無い」
文我「その次は、五代目松鶴の『崇徳院』」
松朝「聞いたけど、細こう覚えてない」
文我「それから、花団治の『猫忠』」
松朝「花団治は好きやないさかい、覚えてない」
文我「『反古染』は、如何ですか？」
松朝「いや、聞いたことが無い」

文我「第四十二集は、『三人旅』の前半と、『猿廻し』」
松朝「『猿廻し』は、ほんまに良かった」
文我「火事と喧嘩が好きな男が出てきますけど、如何でしたか？」
松朝「勢いがあって、良かった」
文我「第四十三集は、『竜の都』『悋気の独楽』」
松朝「『悋気の独楽』は、割方、良かった。立て弁があるさかい、得意やったと思う。立て弁は、五代目松鶴が一番やった」
文我「第四十四集は、『こぶ弁慶』」
松朝「あの時分、あんまり演る人が居らなんだ」
文我「もう一つは、『猫の忠信』」
松朝「聞いたことがあるように思うけど、覚えてない」
文我「第四十五集は、『くっしゃみ講釈』」
松朝「演るのが楽やったかも知れんけど、寄席でも演ってた。『今日も、このネタや』と思うたけど、確かに上手や」
文我「その時分、『狸賽』は、誰か演りましたか？」
松朝「あんまり、演らなんだ」

文我「もう一つは、『大阪名所四季の夢』」
松朝「そんなネタ、聞いたことが無い」
文我「その次は、松屋町の松竹座で演ってる、染三の『鳥屋坊主』」
松朝「それは、聞いたように思う」
文我「それから、花柳の『天災』」
松朝「いや、知らん」
文我「花橘の『春雨茶屋』は、如何ですか？」
松朝「それは、よう聞いた」
文我「それから、三代目米團治の『百年目』」
松朝「聞いたように思うけど、覚えてない」
文我「四代目米團治の『足上り』は、如何ですか？」
松朝「このネタは、米團治師匠に合うてた。顔や体型が、あの人に持ってこいで、『足上り』を演ると、誰にも負けん。芝居掛かりになる所も、雰囲気がピッタリ」
文我「第四十六集は、新作落語特集号で、花柳の『豆炭』、四代目米團治の『代書』」
松朝「これは、よう聞いた」
文我「第四十七集は、『べかこ』」

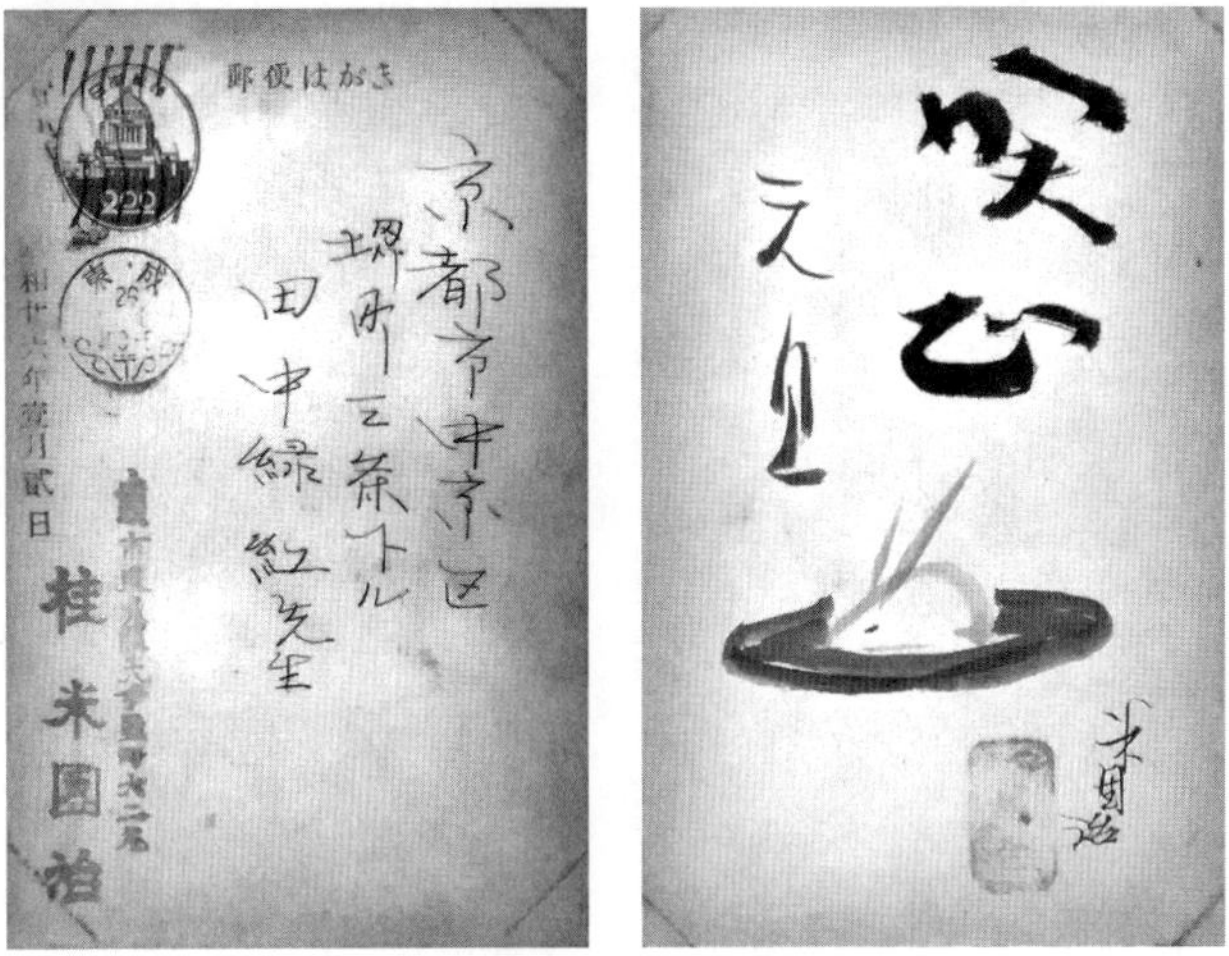

四代目桂米團治のハガキ

松朝「あァ、聞いたことがある。あの時分でも、珍しい噺やった」
文我「アッカンベェの上方版の面白い顔をしますけど、如何でしたか？」
松朝「顔も面白かったし、筋もユニーク。入れ込み噺でも、好きやった」
文我「第四十八集は、『ざこ八』」
松朝「五代目松鶴も、二代目三木助でも聞いてるけど、二代目染丸で聞いた方が多かった」
文我「第四十九集は、『鴻池の犬』」
松朝「これは、よう演った」
文我「それから、『馬場の狐』という創作落語が載ってます」
松朝「それは、誰が演ってる？」
文我「楽天坊という人が演りました」
松朝「いや、知らん」

文我「それから、松屋町の松竹座で、林家小染の『二人旅』」
松朝「後の林家染語楼の『二人旅』は、よう聞いた」
文我「それから、四代目米團治の『狐』に、花柳の『高津の富』」
松朝「花柳さんの『高津の富』は、高座で聞いたことは無いけど、米團治師匠の家で『一遍、聞かせてもらえまんせんか？』と頼んで、対面で聞かせてもろた。花柳さんは酔うてたけど、『一寸、演ってみよか』と言うて、ちゃんと演ってくれて。米團治師匠と比べると、かなり軽い口調やけど、上手や。高座へ出てくる時も、スゥ――ッと出るような、軽い感じやった」
文我「ほな、爽やかな印象ですか？」
松朝「あァ、爽やかやった。染三みたいに、ドンドンドンドンという音をさせて出てくるような人やない。花柳さんは細い人やったし、スゥ――ッと出てきて、スッと噺へ入って行った。仲間内でも、一目置かれてたわ」
文我「それから、花橘の『田之紀』」
松朝「いや、知らん」
文我「その次は、橘(立花)家圓坊の『盆曲』」
松朝「それは、二枚のお盆を持って踊る芸や」

文我「それから、三代目米團治の『逆様の蚊帳』。これは、『麻のれん』でしょう」
松朝「あァ、聞いたことがある。按摩が、蚊帳を捲るネタ。喜劇みたいな噺で、按摩やったら、
　そんなことはあると思うた」
文我「その次は、染三の『打替盗人』」
松朝「いや、知らん」
文我「これで、『上方はなし』四十九冊分の思い出を聞かせてもらいました」

刊行によせて（娘と孫から）

昨年十二月に　この本の出版を楽しみにしていてそれを手にすることなく、父が他界したことは本当に残念なことでしたが、病床においても落語の演目を繰っていた位、落語は生涯父の人生に彩りを添えてくれていたと思います。

家業の印刷業を継がず、笑福亭松朝で高座に上がっていたら、どんな人生を辿っていたのか、それは想像もつかないことですが……。

大正、昭和、平成を精一杯生きた父を思い、また父の元気な内に様々な話しを引き出してくださり、このような本にまとめてくださった桂文我さんに感謝申し上げたいと思います。

長女　阪本富司子

孫から見た祖父は、几帳面で自分をしっかり持ち、頑固は頑固でも、常にどこか笑いの要素も忘れない人情肌、そういった気質を備えた人だった感じがします。

天寿を全うした祖父を改めて思い返してみると、原点は、紛れもなく落語をはじめとした演芸への造詣だと思います。

戦争で運命が大きく変わりながらも、生涯にわたって趣味を超越したレベルで落語を追究し、その取組姿勢も含め、だからこそ滲み出る何かが、人生における困難においても常に笑いを忘れず、されどどこかお仕着せでない人情味を感じさせるような立ち居振舞いを見せてきてくれたのだと思います。

戦争は祖父の人生を大きく変えたものに違いなく、これまで私たちも、戦前戦中の話を祖父から多く聞くことができたわけではありません。かねてよりもっともっと当時の話を聞きたいと思うまま、時間だけが過ぎてしまっていましたが、本書の出版を機に、これまで聞けずにいた話に多く触れ、祖父の生きざまも改めて知ることができました。

桂文我さんをはじめ出版に関わった多くの関係者様に改めて感謝申し上げます。

孫　佐々木康隆・佐々木隆司

さいごに

また一人、戦前の上方落語界・演芸界の逸話を教えて下さる方が、極楽浄土に行かれた。

今後、昭和初期の大阪の演芸界の様子は、残された資料で推し量ることになるであろうことを思うと、阪本氏の存在は大きかったと、改めて、痛感する次第である。

阪本氏は、お洒落であり、ダンディな方だった。

百に近い年齢とは思えないような顔色で、記憶力抜群、話に嘘が無く、洒落っ気がある。

私が阪本氏と同じ年齢まで生きたとしても、あの風情は保てないだろう。

亡くなる前日、ベッドに寝ていた阪本氏に「五代目松鶴師匠の奥さんのお鯉さんを覚えてはりますか?」と聞くと、微かな声で「あの人は、五代目の」と仰って、布団から右手を出して、小指を立てた。

それを見ていた私と、長女の富司子さんが、思わず、吹き出してしまったほど、最後の最後まで、お茶目な方だったと思う。

もっと長生きしてもらいたかったが、「噺家以上に噺家らしい、見事な生きざまを、間近に見せていただき、有難うございました」と、極楽浄土に行かれた阪本氏に、改めて、御礼を申し上げることにする。

笑福亭松朝こと、阪本俊夫さん。
どうぞ、安らかに……。

四代目　桂　文我

著者紹介

四代目 桂文我（かつら　ぶんが）

昭和35年8月15日、三重県松阪市出身。昭和54年3月、桂枝雀に入門。桂雀司を名乗る。平成7年2月、四代目桂文我を襲名。全国各地で「桂文我独演会」「桂文我の会」を開催。子ども向きの落語会の「おやこ寄席」も各地で開催。平成25年4月より相愛大学客員教授。「上方落語論」を講義。国立演芸場花形演芸会大賞、大阪市咲くやこの花賞、芸術選奨文部科学大臣新人賞、ほか各賞受賞。

◎おもな著書

『復活珍品上方落語選集』3巻（燃焼社）、『落語えほん　しまめぐり』（ブロンズ新社）、『じごく　ごくらく伊勢まいり』（童心社）、『大笑い　お伊勢参り』（三月書房）、『おやこ寄席　らくごCD絵本』（小学館）『ようこそ！　おやこ寄席へ』（岩崎書店）、『上方落語　桂文我　ベストCD　ライブシリーズ』（パンローリング）　ほかCD、CDブック、DVDも多数。

笑福亭松朝の
上方演芸百年噺

平成三十一年四月三十日　第一版第一刷発行

©著者　四代目 桂文我

発行者　藤波優

発行所　㈱燃焼社

〒558-0046 大阪市住吉区上住吉二―二―二九
TEL ○六―六六一六―七四七九
FAX ○六―六六一六―七四八○
振替口座 ○○九四○―四―六七六六四

印刷所　㈱ユニット

製本所　㈱佐伯製本所

ISBN978-4-88978-135-9　Printed in Japan

落丁・乱丁本はお取替えいたします。